知と情意の政治学

The politics of Logos and Pathos

堀内進之介

教育評論社

知と情意の政治学◎目次

第Ⅱ部　人間の完全性

【凡例】

一、本書では、「情念（emotion）」「情熱（passion）」「感覚（feeling）」「直観（intuition）」などは厳密に区別することなく、「感情」として統一表記されている。また、「共感（sympathy）」「関心（concern）」などは、「感情」に基づく作用として理解されている。また、「知性（intelligence）」は、「理性」として統一表記されている。

一、外国語文献を引用する場合、すでに邦訳が刊行されているものはそれらを参照した。ただし、訳語や文体の統一の観点から、適宜加筆修正した。

序章　みんなの民主主義

「理性」対「感情」

ナショナリスティックな感情に訴えて、人々の支持を取りつけるポピュリズム的な政治手法は、今も昔も世界中で行なわれている。そうした政治手法を正当化してきたのは、およそ次のような言い分だ。いわく、「理性的な主張さえしていれば良いというものではない。いつも「頭」にばかり訴えているから失敗するのであって、もっと「心」を動かす感情的な動員が必要だ」。あるいは「感情には感情で対抗せねばならない」。こうした主張は、一見もっともらしいが、しかし、それは本当だろうか。

近年の出来事を取り上げてみよう。たとえば、ギリシアでは、深刻な財政危機を前に、アレクシス・ツィプラス政権が債権者であるEU側に提出した財政再建案が国民投票によって拒否された。一方で、アイルランドでは、イギリスからの独立が国民投票で否定された。こうした出来事をどのように評価すべきだろうか。ギリシアの現状からすれば、ツィプラス政権の提案を拒否するのは、それがたとえ国民感情に適ったとしても理性的な判断であったとは言えないかもしれない。アイルランドのアイデンティティを大事にしようとする国民感情に照らせば、独立を否定するという選択は、感情に振り回されずに大局に立つ理性的な判断であったように見えるかもしれない。しかし本当に、どちらかが理性的で、他方は感情的だと言えるのだろうか。あるいは、どちらも理性的ないしは感情的なのだろうか。

日本国内でも、経済政策を支持する声は意外と多いようだが、原発再稼動や安保法制はそうではない。原発再稼働や安保法制に反対する声は、デモをはじめ多くの人々の政治的動員へと結びついている。特に後者の場合、支持派であれ反対派であれ、それぞれの陣営は相手方をあまりに感情的で理性的な判断ができていない、と見ているようである。

ある人は、原発問題では専門家に任せてはダメだと言いながら、安保法制では専門家の意見を聞くべきだと言っている。政治家は、秘密保護法の際には、「さすが専門家」と言っていたのに、安保法制では、「専門家の意見は重要ではなく、民意はわれわれが担っている」と言う。その時々の自分の都合で「感情的」であるとか、「理性的」であると言っては、褒めたり貶したりしている。どうして、そんなことになるのか。

政治の羅針盤はどこに

たとえば「自分は理性的な議論をしたいと思っているのに、相手が感情的になってしまっていて話にならない」と相手を非難している人のことを考えてみよう。この場合、理性的というのはおおよそのところ冷静であるという意味だろう。しかし、すぐ分かるように、こう主張する人は自分が冷静＝理性的だということだけを訴えているわけではない。彼がこうした言い方によって主張しようとしているのは、論争相手との対立や議論について、自分の方がより良い結論を導出できるということなのだ。

あるいは、こんなふうに嘆く人のことも想像してみてもらいたい。「議論が白熱しているけれど、なんだか自分の気持ち（感情）が蚊帳の外におかれてしまっている気がする」。もちろん、こうした悲しみの感情を利用して民意が動員されることは簡単に想像できる。しかし、ここで、問題にされるべきは、論争そのものから彼が排除されてしまっているということであって、彼の感情がそこなわれたことではなかったはずだ。

こうして見てみると、「理性的」か「感情的」か、という一見不毛なやりとりも、実際には、政治がどのようにあるべきか、という根本的な問題に対する、私たちの態度を問い直していると考えることができる。政治は「善き結論を導き出すべき」なのか、それとも「より多くの人の意見を汲み取るべき」なのか。このような政治的な問いの中心をなしてきたのが、民主政論と言われる議論だ。民主主義を単にみんなの意見を尊重する＝「感情」ばかりを重視してきたと考えるのは大きな誤解である。たしかに、民主主義をめぐる議論が、もはやあまりに多様であるために、政治理論≒民主政論となってしまっていると言うことはできる。けれども、近代以前の君主制に対抗するために発展してきた民主主義が、「王は愚かである」ばかりか「王は民のためにならない」、言い換えれば、政治的な決定と、その決定プロセスの両方について強い関心を持ってきたことは間違いのないことだ。その意味で、理性と感情をめぐる議論の混乱から抜け出す上で、民主政論が、私たちに教えてくれるものは少なくないだろう。

民主政論の古典的理論としては、アリストテレス（B.C.384-B.C.322）の議論が知られている。彼は、「みんなで決める」（公衆による自治）民主政が行なわれれば、「みんなにとって善きこと」（共通善）が為されると考えていた。いつ、どこでも、「みんなで決めること」が「みんなにとって善きこと」になるのであれば、こんな良いことはないだろう。

しかし、もし「みんなで決めること」が、「みんなにとって善きこと」をもたらさないとしたら、どうであろう。民主主義をめぐる議論の歴史を振り返ると、「公衆による自治」と「共通善」の、どちらをより優先させるかで論争をしてきたように見える。みんなで決めれば、みんなにとって善きことがもたらされるという考えがある一方、みんなにとって善きことは、必ずしもみんなで考えなくても良いのではないかという主張もあり得る。むしろ、みんなで決めようとすることによって、かえって間違うのではないか。実際、私たちは話し合いの場でしばしば、議論がはじまる前には思ってもみなかったような結論に驚いたり、本当は誰も善いと思っていないような結論に、ウンザリしたりしたことがあるはずだ。人は議論の場でどんなに冷静に考え、話そうとしても自分の感情からは逃れられないものである。それが、「熟議が、熟議によって壊れる」危険性だ。そのような危険を冒すくらいなら、理性的な人に政治を委ねた方が、まだ賢明ではないか。ここから、政治的エリーティズムという考え方が生まれてくる。

みんなにとって善きことをみんなで考えることは必ずしも好ましくない、という一番古典的な例に、プラトン(B.C.427-B.C.347)の船頭の比喩がある。船が、どちらに進むかを、みんなで話し合うのと、経験のある船頭に任せるのではどちらが理に適っているか？　当然、船頭に任せた方が良い。また、病気の時に、どう治すかをみんなで話し合って決めるのと、医者に任せるのとでは、どちらが良いか。これも、医者に任せたほうが良いだろう。みんなにとって善きことを為すには、経験や知識がある専門家、エリートに任せた方が良いというわけだ。

結果さえ良ければ誰が決めても良いか？

人民のためになるなら、むしろ、人民の判断に左右されない政治の方が良いのではないか、という発想がプラトンにはあった。他方で、そんなエリートがどこにいるのかという批判も当然あるだろう。航海や医療ならともかく、人間の広範な活動にかかわる政治という特殊な問題圏にかんして、他人よりも優れた判断ができると断言できる人間は本当にいるのだろうか。これが、プラトンとアリストテレスの違いである。非常に優れた人間＝哲人王がいれば良いが、現実にはいそうもない。だとすれば、みんなで決める他にないだろう。ここから、みんなで決めること、それ自体を価値とする発想が生まれてくる。みんなで決めることが全員にとって善き結果をもたらすかどうかは分からないが、みんなで決めること、それ自体が、みんなにとって善きことではないか。みんなの理性に必ずしも期待できないならば、みんなが政治に参加できるという公平さの感情に訴えることが優先されるべきだ、という発想である。結果だけでなく、過程が重要だというのは、そういう意味だ。

「みんなで決めること」と、「みんなにとって善きこと」のどちらを優先させるか。この問題はヨーロッパが十八世紀に民主的革命を経験した時代に、一つの頂点を迎える。フランス革命下に生まれたトクヴィルは、アメリカ独立に至る民主革命がヨーロッパ史における平等の拡大の避けられない結果だとみなした。しかし、彼がアメリカの民主政を讃えた背景には、トクヴィル自身の革命における苦い経験があったことを忘れてはならない。

多数の専制

大衆の急激な政治参加を推し進めた十八世紀末の革命は、思いもしない結果をもたらした。フランス革命がその典型である。十八世紀のヨーロッパ諸国が少しずつ市民の権利を拡大させていくなかで、フランスは宗教や王侯貴族といった伝統的な支配層が依然として強い権力を持っていた。そのために、かえって「みんなで決めること」に対する市民の要求が過激になっていった。革命によって樹立された共和政には「みんなで決める」ための政治機構を作り上げることが期待されていた。ところが、人々のそうした願いにもかかわらず、共和政は「みんなで決める」のとはまったく正反対のジャコバン独裁政権による恐怖政治と変貌した。つまり、政権を握った者が人々の「みんなで決めること」への欲求と熱に応えることができないで、それらを持てあました結果、人々の欲求そのものを抑え込むために強権的な手段を用いてしまったのだ。その後の五十年の間、フランスは「みんなで決めること」と「みんなにとって善きこと」の間を右往左往する。七月王政における自由の抑圧、二月革命下のブルジョアジーと労働者階級の対立を経て、フランスの大衆は最終的に帝政を復活させる。「みんなで決めること」と「みんなにとって善きこと」をともに求めて革命に立ち上がったにもかかわらず、その二つをめぐる葛藤のなかで、フランスの人々は両方を手放してしまったようにトクヴィルには思われた。そのような状況において、アメリカのように「みんなで決める」政治的経験から学ぶことなく、政治抗争を繰り返す祖国フランスの人々が、トクヴィルには感情的で非理知的に見えたとしても無理はない。

フランス革命のこの皮肉な結果は、同じ時代の民主化運動に、大きな影響をもたらした。一八三二年、イギリスでは、第一次選挙法改正をめぐって、「腐敗選挙区」の廃止が争点になっていた。「腐敗選挙区」とは、選挙区管内の住民が産業の発展などによって急速に流出し、議会に送られる代表者と管内の住民とのバランスが著しく偏ってしまった選挙区のことを言う。なかには数十人しかいない有権者が二人の代表を選ぶ地域さえあった。つまり、現代で言う「一票の格差」である。結局、この「腐敗選挙区」が廃止されたことに伴って、人口の流入地帯であった都市部の産業ブルジョアジーの一部が選挙権を獲得する。これは政治的な権利における平等の広まりを意味していた。しかし、大衆の政治参加を主張していたJ・S・ミル（1806-1873）は、広範な選挙権の拡大が実現されなかったことを、改革の不徹底、議会政治の欠陥として批判した。その一方で、フランスの経験を目にした彼は「みんなで決めること」が拡大していく状況を手放しで喜んでいたわけではなかった。

多くの人が投票するようになると、今度は「多数者の専制」を招いてしまうのではないか。「多数者の専制」とはトクヴィルが用いた言葉だ。彼は、民主主義の一つの手続きとしての多数決が、少数者に対する抑圧的な政治行動を正当化しかねないと心配していたのである。トクヴィルと同様に、ミルも人々の政治参加を重視する一方で、民衆の権力の肥大化を抑制する原理を

『自由論』や『代議制統治論』で探求しようとしていた。

「一八四八年以後のヨーロッパの反動と、一八五一年十二月の無節操な簒奪者（引用者注：ルイ・ナポレオン）の成功とは、フランスおよび大陸における、自由あるいは社会改革へのそれまでにあったあらゆる希望に終止符を打つかにみえた。……人間の運命のすべての真の改善の基礎になるもの、つまり人間の知的また道徳的状態には、ほとんど進歩らしい進歩は見られなかったからである。いやそれどころか、同じ時期に作用していた、人間を堕落させるほうの諸原因が、進歩への傾向と相殺してなおあまりがあったのではないかという疑問さえ感ずるくらいだ」

（『ミル自伝』二〇七頁）

その結果、彼は直接民主主義を支持しながら、同時に代議制民主主義にも固有の価値を認めるようになる。さらに、教養階級と大衆の間で票の重みに差をつける「一票の格差」論を展開する。代議制民主主義では、一般大衆は愚かなので、とんでもない人間を代表に選んでしまうかもしれない。だから、より「賢い」人には一票を重く、より「賢くない」人の一票は軽くする必要があると彼は考えた。ミルにしてみれば、「みんなにとって善きこと」と「みんなで決める」政治を両立させようとするのであれば、こうした「一票の格差」を認めることこそが真っ当な民主政だと思えたのである。民主主義を共通善が実現されるための手段として据える、「少数の、より優れた人々がそうでない多くの人を導く」という政治的エリートを認める考え方だ。

手段としての民主主義

二十世紀における、この考え方の代表にはオーストリア生まれの経済学者、ヨーゼフ・シュンペーター(1883-1950)がいる。「民主政は公職者を選ぶ政治的な手続きだ」と考えた彼は、人民の個別の意見や判断よりも、民主主義的な選挙・手続きを重視した。それには理由がある。ヨーロッパに勃興していたファシズムを目の当たりにした経験から、彼には人民の政治的能力を信じることができなかったのである。ことナチズムが人々の感情的動員を最も巧妙に駆使したことを考えれば、「みんなで決めること」の危うさは常に警戒されなければならない。

シュンペーターは次のように考えた。人民は個別の政治問題にかんして合理的な判断を下す知識や能力を持っていない。だから、合理的な代表の選出が民主主義を含む政治制度の最も重要な課題になる。しかし、人々は選挙を、みんながどう考えているかをうまく集めるための装置くらいにしか思っていない。それならば、むしろ選挙を制度化された権力競争の場と考え、民主主義を活性化する方が、無政府状態や権力の独占状態よりも、まだ、良いのではないか。この考え方は、競争的民主主義と呼ばれている。

「民主主義的方法とは、政治決定に到達するために、個々人が人民の投票を獲得するための競争的闘争を行なうことにより決定力を得るような制度的装置である」

（『資本主義・社会主義・民主主義』四三〇頁）

シュンペーターの後継者であるウィリアム・ライカー(1920-1993)や、アダム・プシェウォルスキ(1940-)たちも、民主政が政治的指導者の横暴を制限するという立場から、この考えを擁護した。彼らの考えでは、指導者は、いつでも解任させられることがあり得るという可能性や、定められた任期によって、自らの政治的な権力が失われた後のことまできちんと考えるようになる。言い換えれば、権力者が、好き勝手なことをすれば、人々の合法的な報復が待っているということを彼らに気づかせるのだ。そのことによって、指導者は自分の都合だけを考えたような政治的な決定を下さなくなり、市民の側も彼に対してより合理的な政治運営を期待することができる。ライカーたちはこうした論理によって「手段としての民主政」を支持してきたのである。

空気を読む人々

しかし、いくら民主主義を活性化するためとは言え、民主主義を手段として見るこうした考え方にも問題がある。集計した結果、それが本当にみんなが善いと思っているものなのかどうか、実はよく分からないからだ。本当は善いとは思っていないのに、みんなが選んでいるからという理由で、つまり同調圧力によって善いと自分に言い聞かせて投票するというのは、現実にはよくある話である。従わないと嫌な目にあうという意味での圧力でなくとも、みんなが選びそうな人を選んだ方が得だからとか、多数決の後の人間関係にシコリを残さないように配慮するという判断も、当然あり得る。民主政を手段として用いれば、理性的な結果が手に入るはずだったのに、実際は、みんなが周囲の感情に配慮することで非理性的な選択をしてしまうというわけだ。

民主政と言いながら、実際には熟議を装った少数者による支配を招いてしまっている可能性も考えておくべきだろう。アメリカで行なわれた研究によれば、タウン・ミーティングなどでの話し合いの場面では、親密な関係を壊さないように配慮するあまり、正直に言えない雰囲気のなかで物事が決定され、かえって既存の権力構造を温存しがちになるという。みんなで話すことは、確かに大事だが、ユルゲン・ハーバーマス（1929-）が言うような「理想的発話状況」が確保されなくてはいけない。だが、実際の場面でそんなことが可能だろうか。

社会心理学者のソロモン・アッシュ（1907-1996）はそうした危うさを早くから指摘していた。問題は同調圧力だけではない。人々はしばしば集団に対して自分のイメージを良く見せようと振舞うが、そうした戦略は、人々が本当に望んでいる政治的帰結を話し合いの場に載せることを邪魔してしまう。他にも、熟議のプロセスを通じて集団のメンバーがもともと持っていた傾向が強調されていき、集団の意思決定が個々人の判断と比較して極端になってしまった歴史的な事例は数多く存在する。さらに、近年ではインターネットをはじめとする情報技術の革新によって、人々は自分が好む情報で自らを囲い込むことがより簡単になっている。人々は自分の感情を増幅し、容易に動員するだけの技術を手に入れたのだ。

「もし、蓄積された議論に偏りと歪みがある結果として変化が生じるのだとすると、熟議にもとづく判断を行う方が、すべての構成員の考えを聞いたうえで熟議を行わず、単純に全員の考えの中間に位置する意見を採用するよりも、はるかに悪い結果が出るということもありうるだろう。」

（C・サンスティーン『熟議が壊れるとき』五五頁）

「主知主義」対「主意主義」

しかし、キャス・サンスティーン（1954-）も、一方的に熟議を否定したわけではない。集団の意思決定の極端化は、個人の意見や価値が変化するという政治にとって重要な事実の表れだと考えることもできる。そもそも「みんなにとって善きこと」（共通善）について、あらゆる人々の同意を期待できる時代ではないというのが、シュンペーターと彼の後継者たちの理解であった。だから、すでにある「善きこと」（善）の単なる集計としての共通善ではなく、むしろ民主政のプロセスを通じて共通善がどのようにあり得るのかを構想することを重視したのだ。「みんなにとっても善きこと」をもたらすために民主主義を手段にしてしまうと、結果として、誰にとっても善くないものが出てきてしまうかもしれない。そうだとすれば、たとえ愚直に見えたとしても民主主義を目的にしなくてはいけない。互いに空気を読み合って、みんなが感情を抑え込むのではなく、むしろ、みんなの感情を理性的な政治へと向かわせるための民主的なプロセスとして熟議を重視する、そういう議論がもう一度出てくる。

このように民主政の意義を説くイアン・シャピロ（1956-）によれば、政治参加が自己の利益や集約的共通善といった、別の価値によって動かされてしまうことが一番の問題になる。先にも述べたように、熟議を装った少数の支配は時に貧困層などの社会的弱者をさらに弱い立場へと追い遣る。すると、弱者は生存のためにますます自らの意見を犠牲にしなくてはならなくなってしまう。だから、彼は「支配」（権力関係）の縮小を進めるために、公衆の政治参加を民主政の価値として強調するのだ。興味深いことに、公衆の政治参加に期待するシャピロは、むしろエリート主義的な政治観を有するシュンペーターが掲げた競争的民主主義の活性化こそが重要だと主張する。アメリカの二大政党制は文化的対立をはじめとした価値の多元化に対応できないから、支配―被支配的な関係を強固に維持してしまっている。だから、競争的な民主主義の活性化は、これまで二大政党制の下で取りこぼされてきた様々な価値を政治的文脈の上に載せるためにも、必要不可欠だと彼は言う。

「二党間の合意は、独占禁止法的用語を用いれば、民主主義を抑制する共謀と見たほうがよい。」（『民主主義理論の現在』九頁）

ただし、シャピロは支配の最小化として「みんなで決めること」（民主主義）それ自体が重要な価値であることを認めつつ、「みんなにとって善きこと」（共通善）を簡単に手放すべきでないと主張する。

「民主主義における共通善を、支配を避けることに関心を持つ人々が共有している共通善と定義する。」（『民主主義理論の現在』五頁）

民主主義の価値を「目的」か「手段」のどちらかにおく二者択一をシャピロは退けているのである。また、それらが両立し得ることを示そうとする研究もすでに現れている。熟議型民主主義は「時間や手間がかかり過ぎる」、つまり、導かれる結果に対して、それに必要なプロセスにかかるコストが見合っていないと言われてきた。だが、そうした批判に対して、近年では実証研究の立場から反論がされようとしている。政治学者のアーレンド・レイプハルト（1936-）たちは、単に意見を集約するよりも、開かれた討議の方が政策効率の高い場合があると主張している。もちろん、シャピロも認めていた通り、公衆の政治参加と共通善は必ず結びつくとは限らない。これは、彼の師であるロバート・ダール（1915-2014）が、ポリアーキー論のなかで政治体制に対する社会経済的条件の探求を通じて、すでに指摘していたことでもある。

このように見てくると、近年になって一つの政治的主題として浮上してきた「理性」と「感情」の問題が、実は古代ギリシア以来の民主政論の重要な課題であり続けてきたように見えてくる。プラトンとアリストテレス以来、民主政論は――政治参加と共通善、熟議と利益、あるいは平等と自由――形を変えながら、どうやって民主主義を守るのかということを繰り返し議論してきた。一方はより善い結果を求めて政治的エリートに任せるわけだから、そこで期待されているのは、結果を見通す理性である。もう一方は、みんなで決めるという政治参加そのものを重視する。そのため、そこでは政治に参加するための動機づけ、政治的な共同体への愛着をはじめとする感情が主題になる。

さらに、現在では、「理性」と「感情」の対立を調停しようとして、みんなが社会に貢献しようとする「感情」を「理性的」なエリートが設計するという主張まで出てきている。しかし、話はそんなに単純ではない。これまで取り上げた民主政をめぐる議論の混乱を見ても、それは明らかだ。

では、政治に向けた「理性」と「感情」をめぐる議論は、いつはじまり、どのように変遷してきたのか。私は今、「古代ギリシア以来」重要な課題であり続けたと述べた。確かに多くの政治思想史の教科書にもそのように書かれている。しかし、それは、どういう意味なのだろうか。少し意地の悪い言い方をすれば、そのように見えるのは、あるいは、現代の政治哲学者がプラトンやアリストテレスといった古代ギリシアの古典ばかりを参照しているからなのかもしれない。もちろん、このように言うからと言って、古典を読むことを否定したいわけではない。その逆である。ここで提案したいのは、現代の政治哲学者たちが現代とギリシアを結びつける時に、そこからはみ出してしまうものに目を向けてみようということに他ならない。考えてみて欲しい。もし、本当に、理性と感情の関係が、古代ギリシア以来、問題であり続けたなら、中世や近世のことが取り上げられることが少ないのはなぜか。それは、おそらく中世に、理性と感情の問題をあえて取り上げることを許さぬ権威があったからである。その権威とは、すなわち神である。たとえ中世の人々が理性や感情の問題に思考をめぐらせることがあったとしても、結局のところ、この世界に君臨する神が、人知の及ばぬ領域へとその問題を回収してしまう。ところが、近世以降、神の権威は急激に失墜していく。そのことによって、理性と感情の問題は人間の眼前に迫ってきたのではなかろうか。ここで本書全体の見通しを与えておくなら、近世から近代にかけて活躍した道徳哲学者たちは、まさに神と道徳の問題をめぐって格闘を続けた人々であり、それゆえ現代の民主政論の土台を作った人物たちでもあるのだ。近代的な民主政はまさに中世までの伝統を駆逐することによって飛躍的に発展した。そこで、私たちは中世ヨーロッパ世界の動揺を早くから感じとっていた宗教者、トマス・アクィナスの議論を読み解くことから本書をはじめることにしよう。

第I部　不完全な人間

第一章　「神の国」から「人間の国」へ

「神の国」の射程

トマス・アクィナス（1225?-1274）は、世俗的な政治的権力よりも教会の権威が上だと論じることを何よりも重要な課題だと考えていた。彼にとっては、それが治まる（べき）世界の「order（序列、秩序、道理）」であり、人の世界が治まらないのは、あるべき秩序に従っていないからである。このような彼の危機感は、現代に生きる私たちからすると理解しにくいかもしれない。人は、しばしば過去の歴史を現代の価値観で見る。古代ギリシアの民主主義について、「結局、彼らの民主制は男性の市民だけで担われていた」、あるいは「奴隷によって支えられていた」と言う時、ついこの間まで、私たちの社会では婦人にも黒人にも参政権がなかったことを忘れている。

同じ様に、アクィナスたちが神の国について論じることを不思議に思う時、私たちは、昭和初期の日本が「神の国」だったことを忘れている。

それでも、この時期のヨーロッパを扱うのは、非西欧、非キリスト教圏に生きる私たちにとっても、この時代の「超越」「普遍性」をめぐる議論が重要な知的遺産であるからだ。それは、主にイスラム文化圏との関係において、宗教と政治の線引きそのものが問われている現代、二十一世紀の日本に生きる私たちにとっても極めて現実的な問題である。

ユダヤ教と初期キリスト教

アクィナスが直面していた宗教と政治の問題を理解するために、キリスト教の成立について触れておこう。初期のキリスト教は政治的関心を持っていなかったと、よく言われている。たしかに、次のような文章を読むと、そう思うのも無理はないかもしれない。

「私の国は、この世には属していない。……この世のことに関わっている人は、関わりのない人のようにすべきです。この世の有様は過ぎ去るからです。」

（ヨハネの黙示録）

しかしながら、ユダヤ教との違いを考えると、見え方が変わってくるはずだ。当時のユダヤ教は救世主（メシア）によるユダヤ民族の政治的共同体の再興（ダビデの王国）を掲げる民族宗教であった。ユダヤ人だけが救われるという選民思想にとどまらず、ローマ市民の義務としての徴兵を受け入れないなど、極めて「政治的」な側面を持つ宗教であった。

初期キリスト教は、為政者であるローマに対してユダヤ教との違いを示さねばならなかった。また、信者を獲得する上でも「民族性」を避ける必要があった。「政治的」であるあり方は、必ずしもユダヤ教のように直截的な場合だけとは限らない。むしろ、政治と距離を取ることが政治的な場合があり得る。そう考えると、初期キリスト教も十分に政治意識を持っていたことになる。

「政治的である」とはどういうことか？

では、政治から距離を取る姿勢を示していたキリスト教が、どうして顕著に「政治化」したのか。一つには信者の拡大が考えられるだろう。信者の数が多くなれば、それなりの大きさの組織を持つ必要がある。彼らの近くには当時最も進んだローマ帝国の政治機構があった。教会組織の確立に向けてローマ帝国の遺産を取り込むなかで直截的な意味でも政治に関心を払わざるを得なくなった。

「すべての人間は上にある権威に服従しなさい。神によらない権威はなく、現にある権威は神によって立てられたものだからです。」

（『ローマ信徒への手紙13章1節』）

新約聖書には「カエサルのものはカエサルに、神のものは神に」という一節がある。しかし、これは、単に政治的指導者に対する宗教者の自発的服従を意味しない。キリスト者（教徒）がカエサルに従うのは、あくまで神が皇帝を創ったからなのだ。実際、ユスティヌス（100?－162?）は、キリスト者を「新しい立法者」とみなし、キリスト教権力が神の力の一部であることを主張していた。

こうしたキリスト教の教理に内在的な理由だけでなく、外在的な歴史社会的な条件も考えられる。西ゴート族によってローマが陥落（四一〇年）し、以後、西ローマ帝国は外敵に侵攻を受けることになった。現実に領土を失ったことで、帝国は失地回復のため、あるいはその先の外敵の征服を正当化するための精神的な支柱を必要とするようになる。そのとき、神が世界を統べながら、かつ皇帝の権威とも矛盾しないキリスト教思想は、またとない理論を提供することが可能だったのである。

しかし、このような教会の権威は、世俗の権力の弱さによってはじめて可能になるものだったから、皇帝の力が強くなると、より力を大きくしようとする世俗権力とそれに対抗する教会の間で争いが起きた。典型的なのが、司教の任命権をめぐる叙任権闘争である（カノッサ事件、一〇七七年などが有名）。こうした争いからキリスト教の復権のために十字軍が強行されたことも良く知られている。

聖なる世界と俗なる世界

キリスト教が古代ローマに倣ったのは、政治的な仕組みだけではない。その仕組みを取り入れるなかで、キリスト教の思想もまたローマの影響の下で発展していった。なかでも、古代ローマに思想的起源を持つ自然法理論は、聖書が示す実践的指針と万人に対する共通の法を発展させる上で重要な役割を果たしてきた。その到達点がアクィナスの『神学大全』だと言われている。

神は「万物を互いに調和するように創造した」「その目的を果たせるように、万物に対して法を課している」。この創造の法が自然法＝「何が正しいかということの知的なまとまり」である。彼にとって法は「共同体を配慮する神によって公表された共通善のための理性の布告である」。人間は法に従うことによって万物と調和することができ、完全な幸福を得られる。

「万物を調和させる」ために理性が示す正しさに従うことは、世界に秩序をもたらすことでもある。そして、何が正しいかということを定めている知の体系が自然法だ。この法に人間は従うことができる。なぜなら、人間は創造によって「良知」を神に与えられているのだから、同じように神が与えた法を参照すれば「何が正しいか」＝「何をすべきか」直ぐに分かるからだ。そして、神の命令に従えば、当然万物の調和の下で人間に幸福がもたらされる。

気を付けなければならないのは、人間が理性を通じて自然法に従うためには、一つの条件があるということだ。残念なことに、アダム以来、人間は堕落した罪深い被造物であるから、誰もが法の命令を理解できるわけではなくなってしまった。それでも、神は人間に良知を与えることによって法を理解する可能性を残している。道徳的に明らかな第一の原理は「善は為されるべきである。悪は避けられるべきである。」ということだ。そして、人間は自然法を通じて善を知る。知ることによって善を為すよう仕向けられる。つまり、キリスト者にとって、私たち人間が自然法に従う条件とは、堕落した存在である私たちが、理性をきちんと行使するということなのだ。良知を発揮できる人は何が正しいか、神が与えた法＝「何を為すべきか」が分かる。したがって、常に、正しいことを「知ること」と「為すこと」が繋がっている。

これが基本的な主知主義の発想である。主知主義は道徳の根幹に理性を据える。これとは別に、道徳の要を意志だと考えるのが主意主義である。ただし、ここで言われる理性や意志は本来神が有するそれ、であった。しかし、道徳問題における人間の重要性が増すにつれ、人間の理性と意志の能力までもが問われるようになっていく。この二つの立場による争いが、本書の通奏低音である。人間は神のように完全ではないから、特に道徳的に振る舞う動機としての意志の不十分さが「感情」によって補われるというわけだ。つまり、主知主義と主意主義の論争は、現代の「理性」と「感情」をめぐる対立の原型なのである。

さて、主知主義によれば、正しいことを「為していない」人は何が正しいかを「知らない」だけに過ぎない。だから、何が正しいか「知っている」人が「知らない」人を導けばよい。こうして、主知主義は、知的なエリートが愚かな人々を導くエリート主義の立場を取ることになる。これが、世俗権力に対して教会の優位を主張しようとするアクィナスにとって都合のいい議論であったことは間違いない。彼にとって、知的なエリートとは世界を支配する神のことをよく知る宗教的なエリートをおいて他にはあり得なかった。重要なことは、「主意主義・主知主義」論争を通じて、主知主義的エリートという言葉の意味するものが、宗教者から政治的指導者へといつの間にか変わっていくことである。

「分かること」と「為すこと」

主知主義の立場からすれば、分かればできる。「分かっていてもできないこともある」とか、「分かっていてもやろうと思わないこともある」ということはあり得ない。「できない」のは、「よく分かっていない」だけで、もっとよく分かれば、「できる」はず、ということになる。

この議論の危ういところは、分かっていれば「為す」だけではなく、してない人間は分かっていないと反転することである。「善導」という名の下にエリートが要請される。プラトンの船頭の比喩を思い出してもらいたい。「よく知っている小数の者が、そうでない大勢を導くべきではないか？」

主知主義者は、「善きこと」を「知ること」が、そのまま「為すこと」に繋がるという主張に何の疑問も持たなかった。少なくとも、最初の発想としてはそうであった。

「神」を、現代の政治学用語で「いつでも、どこでも誰にとっても正しいこと（普遍妥当性）を定めたモノ」に置き換えてみよう。今日でも、たくさんの主知主義者や、それに基づくエリート主義者たちが私たちの周りにいることに気づくはずだ。これは西洋に特殊なものでも、昔の話でもない。

アクィナスは「分かる」ことと「為す」ことを区別できないものと考えた。彼は「序列 order」に従って、自然の摂理のなかに政治的な秩序が見出せることを主張した。では、「なぜ悪があるのか」。アクィナスの説明は、端的に「無知」だからということになる。

しかし、もし、無知から罪が生まれるのであれば、人間は神によって創られたのだから、人間の罪は、それを予想することができず、愚かな人間を創ってしまった神の無知に責任があることになってしまう。そうだとすれば、主知主義は神が不完全であるという結論を導いてしまうのではないか。こうした、主知主義に対する批判から、悪があるのは人間の責任だと説明するために、悪を為す人間の意志に注目する議論が登場する。これが主意主義である。

主意主義からの主知主義への異議申し立ては、これに止まらない。他にもいくつか論点がある。

今も、述べた通り、主意主義は、悪の問題を通じて、人間に悪の責任を押し付けるために、その意志に注目した。しかし、彼らの考えでは、神の意志を考える上でも主知主義には大いなる欠点がある。主知主義も主意主義も神が世界を創造したと考える点では変わらない。しかし、創造された世界と神との関係についての考え方が異なる。主知主義は、神が自ら創造した善を最もよく理解するのだから、戒律をはじめとした自然法を人間に授けた、と考える。主知主義者たちにとって、神と道徳の関係は理性において神の万能を示している。けれども、主意主義はこのような主知主義の主張に納得しなかった。もちろん、神が世界を最もよく理解しているということは、その通りだろう。しかし、神の法というのは人間に分かる程度のものでしかないのだろうか。一見、神を敬っているように見える主知主義者の主張は神に対する冒涜ではないのか。神が全能であるということは、人間に下された十戒の内容に示されるのではなく、神がどのようにでも善悪や世界を作り変えることができるという、神の意志の力に示されているのではないか。主意主義はこのように主張したのだ。すなわち、主知主義と主意主義の対立は人間の道徳に止まらなかったのである。そもそも、中世ヨーロッパにおいて、人間の道徳と神の法は区別されていなかった。そのために、主知主義と主意主義の主張は、神の能力をどのように擁護し、誉め讃えるのかという点において最も強く対立していた。

十三世紀、ヨハネス・ドゥンス・スコトゥス（1266?-1308）はアクィナスを批判して、人間の理性の不完全さに向き合うべきだと主張した。神に与えられた人間の理性を信用することよりも、信仰の方が遥かに重要だというスコトゥスの思想は主意主義の原型を作り出した。信仰と理性をめぐるこれらの議論は、やがてマルティン・ルター(1483–1546)らに引き継がれ宗教改革においても重要な位置を占めることになる。

信じる者が救われる

「行なうということはただ、キリストを信じるということであり、キリストを信じる信仰によって聖霊を受けて、律法の中にあることを行なうことである。」

(『ガラテヤ大講解 上』三七七頁)

ルターは言う。「信仰が義とする。あの宝、現臨するキリストを把握し、所有するからである。しかしどのようにして現臨されるかは考ええないことである。先にも言ったとおり、そこは暗黒だからである。」(『ガラテヤ大講解 上』一九五頁)。万能な神に対して人間が無知であるのは当然だ。なぜなら、神の考えることを人間が十分に知ることができるはずがない。もし、できるのであれば、人間の理性が神に等しいということになってしまう。そのように考えるのは、神に対する冒流であり、むしろ人間の理性が不完全なものだという主張は当然のこととして受け入れられるべきである。そもそも、何をすれば神様が満足するかは人間には到底分かるはずがない。このようなルターの主張は、キリスト教信仰の中心に「分かること」、すなわち理性を据え、信仰の動機を周辺的なものとしてきたアクィナスや教会の主張の構図を転倒させるものだった。

ルターの主張のもう一つ重要な点は、聖書が教皇庁を制限するのであって、その逆ではないということだ。教皇が新しく信仰箇条を書き加えることはできない、教皇庁の権力が聖書に書いてある以上のことをしようとするなら批判されなくてはいけない。

「行ないが行なわれさえすれば、それに恵みと罪の赦しという功績を帰す教皇主義者の危険で不信仰な見解は断罪されるべきである。」

（『ガラテヤ大講解 上』一八七頁）

教皇がもしも聖書に書かれていることに背くような命令をするなら、キリスト者は聖書に基づいて教皇の命令に抵抗することさえ義務である。教皇庁が政治的な性格を強め、聖書に書かれている以上のことをしようとするのに対して、ルターは知的なものよりも信仰が重要だと、どうしても言う必要があった。ルターは、聖書は単なる知的なものの集まりであるだけでなかったはずだと主張することで、信仰の精神に訴えようとしたのである。

カトリックは伝統的に教皇が神の命令を直接知ることができるという主知主義の立場を採る。教皇が一番、神のことを分かっており、キリスト者を導く人間であるということは教会組織を成り立たせるためにも重要な前提である。ところが、先に述べたように、ルターにしてみれば、このような教皇庁の考え方は、不遜に思えた。理論的には神様と同じことを人間が知っている、もしくは、神の理性に近づけることになってしまう。また、アクィナスが主張したように現実の教皇庁を見ても「知っているから為す」というような道徳的振る舞いができるようには、とても思えなかったということもある。

実際、この時代、現実のキリスト教会はかなり腐敗していたことが知られている。贖宥状《しょくゆう》（免罪符）の販売、任命された初年度は聖職者が教皇に上納金を払う義務など、教皇庁の肥大化、教会の組織を整えていこうとする時に発達していく官僚システムのなかで、教会の人々が本義であるはずの信仰心を失ったかのごとくルターの目に映ったのも無理はない。社会の変化に合わせて教皇庁の組織は大きく、役割も複雑にならざるを得ない。しかし、それは、世俗の権力が国家を作ることと何が違うのだろうか。現実に教会の腐敗を知れば、ルターには、なおさら、そう思えただろう。教皇庁は信仰のためのものであるはずなのに、逆になっていないだろうか。「教皇は司祭であることをやめて独裁者になっている」。

神は、なぜ十戒をもたらしたのか？

教皇庁とルターの考え方の違いは、なぜ「神が十戒をもたらしたのか」という問いにどう答えるかに、はっきり表れている。「法が神によってもたらされることによって人間が理解すべきなのは何か？」。ルターは、それは「人間が罪びとだ」ということだと考えた。一つひとつの十戒の内容よりも、法が課されているという事実そのものによって、人間が原罪を負っていることを理解しなければならない。私たちは法に従うことができる。しかし、法に従う理由そのものは法の内容としては示されていないし、理性によって知ることもできない。人間は、法や法に従う動機を自ら作りだすこともできないので、それらを恩寵として神によって与えられた者だけが、法に従い信仰に生きることができることになる。

教皇庁が、十戒に書かれている内容を重視していたのに対し、ルターは法の中身よりも法が神によってもたらされることの方がより重要に思えた。

カトリックは、神の法に従って人は行為を制御し、されるべきなのだが、法に従う動機を私たち人間が自分で作り出しているわけではないと考えた。彼らにとって、世界は神によって道徳的な性質を与えられていた。したがって、神によって創られた人間が知覚する善が、それ自体で人間を善へと引き寄せる＝道徳的に振る舞わせる動機を保証してくれていることは疑問の余地がないことであった。それに対し、ルターは恩寵を与えられた者だけが、法に従おうとすることができると考える。法に従おうとする動機と法の内容の理解とを分けて考える必要がある、これが主意主義の基本的な考えになる。

ルターが言いたかったのは理性と信仰する動機とでは、動機の方がはるかに重要だということだった。法の内容より、むしろ法に従おうとする気持ちが大切だ、と、彼が述べた当初の理由は、世俗化した教皇庁を批判するために過ぎなかった。だが、教皇庁に対する不信は、「分かれば為す」という道徳的な振る舞いへの素朴な期待が困難である、というより根源的な問題へとルターを導いていく。

人間は神が何を正しいと考えているかはよく分からないので、正しいのは「何か」という具体的な知識については、神が直接与えるのではなく、人間が自分たちで作るしかないという考えをもたらした。

ここで重要なのは、人間の世界のルールとしての法と神の教説としての道徳が分かれはじめたことだ。神から「善きことを為せ」という命令がやってくる。ただし、何が善きことであり、何を為すべきかということを人間は間違えるかもしれない。ここまでは、ルターも認めるだろう。しかし、おそらく、彼は思いもしなかっただろうが、この神学的な発想は、グロティウスやプーフェンドルフ（ともに二章で詳述）の時代になると、知的なことは人間の世界で人間が決めるという思想へと変貌する。彼らは、人間には、何が善きことかは究極的には（＝神と同じ様には）

分からないが、だからこそ、その分、一生懸命、考えなければならないと言いはじめる。こうした発想から、たとえ理解できなかったとしても、みんなの政治参加を要求するというタイプの議論が引き出されることが分かるだろう。面白いのは、民主主義についての議論においても主知主義と主意主義は、人間の能力をめぐって異なる理解を示すようになることだ。

この問題は後から論じることにして、ここではアクィナスとルターの対立に端的に表れた主知主義と主意主義の立場の違いが、神学論争のなかでどのような問題を提起したのかを整理しておこう。主知主義も主意主義も人間の不完全性を主張する。完全なのは神だけだから、人間は不完全だということは変わらない。しかし、一方から他方を見た時には、互いに相手の主張が「人間の不完全さ」を正しく述べているようには思えなくなるということは注意しておく必要がある。

主知主義からすれば、人間は不完全なのだから正しさも（理性）も動機づけ（感情）もすべて神に全面的に従うのは当然だった。人間性は不完全で、神に全てを委ねるのだから、知れば為す＝「分かっていれば為す」はずだということになる。

ところが、主意主義からすると、主知主義は「人間は不完全だ」と言いながら、神の考えていることを人間が全て分かると言っているように見える。それは「人間の理性が完全だ」というのと同じではないのか。そう考えた主意主義者たちは、主知主義とは別の言い方で「人間は不完全だ」と主張する必要があった。正しいことが分かっても、人間だけではそれを為そうと思えないのではないか。人間が正しいことを為そうと動機づけられるのは、神のおかげだ、そのくらい人間は不完全（であり、神は完全）だ、それが彼らの主張だった。

これが、基本的な主知主義と主意主義の対立の構図になる。論争を繰り返すなかで、それが、どのように変奏され、どういう帰結をもたらすか、順を追って見ていくことにしよう。

第二章　不完全な人間の理性(主知主義)

不正への憤りが開いた扉

一四九二年にグラナダが陥落し、イベリア半島における最後のイスラム国家が滅んだ。その後、イスラム教徒、ユダヤ教徒たちを通じてイスラム圏に伝わっていたアリストテレス哲学、医学、科学技術が流入した。これによって、一四五三年の東ローマ帝国滅亡によるギリシア知識人の流入が引き起こしていた、中世的な世界観の動揺がいっそう強まっていく。

フランシスコ・スアレス(1548-1617)とフーゴー・グロティウス(1583-1645)は法をどう位置づけるかという議論のなかで特別な地位を占めている。グロティウスは「国際法の父」として一般には知られている。しかし、現在でもそうであるように、国際法は国内法よりもはるかに法的根拠がとぼしく、適用が難しい。まして、それまで「国際法」どころか「主権国家」という概念さえ明確にされていなかった彼の時代に、複数の国家を拘束するような法を語ることの困難とはどのようなものだったか、今となっては、想像することさえ難しい。そうした困難をグロティウスが打開する上で、道徳問題は欠かすことのできない要素であった。結論から述べておけば、彼は国を超えた「人間の本性」を根拠にしながら、融和の道を探っていた。当然、それまでの道徳理論との摩擦、衝突、軋轢も避けられなかっただろう。しかし、中世から近世にかけてのヨーロッパにおいて、「人間の本性」を考えるために神の存在は必要不可欠であった。万物の創造者としての神ほど、あらゆる人間に共通する本性の根拠として心強い存在はいない。それは、グロティウスにとってもそうであった。しかし、ここではグロティウスの議論に入る前に、少しだけ時代をさかのぼり、スアレスの議論からはじめることにしよう。彼は敬虔なカトリックであり、聖トマス（アクィナス）以来の主知主義に従っていた。しかし、スアレス自身はそれを認めなかったが、教会の腐敗と宗教をめぐる混乱のなかで善悪とは別の「正しさ」に特別な価値を見出していた。彼の新しい「正しさ」の発見は善悪について合意できない人間同士の共存を考える、思想史上でも極めて重要な概念になっていく。その意味では、法の外にある国家間の問題に取り組んだグロティウスもこの延長線上にいると言える。また、近年では、『正義論』のジョン・ロールズ（1921-2002）も、やはり善よりも正義（「正しさ」）を優先すべきだと主張して政治哲学における大論争を巻き起こしたことを思い出す人もいるかもしれない。

カトリックの巻き返し（スアレス：スペイン）

一五三四年、パリ大学で学んだイグナチオ・デ・ロヨラ(1491-1556)と仲間の六人がモンマルトルの丘のサン・ドニ聖堂で、生涯を神に捧げる誓いを立てた。後に日本にもやってきたイエズス会の誕生である。彼らは、聖地エルサレムへの巡礼と奉仕を望んだ。しかし、オスマン帝国と神聖ローマ帝国との対立の下で彼らの願いは実現せず、ローマ教皇の下での宣教活動に従事することになった。

そのような状況において、ルターが長年訴えていた公会議の開催がトリエントにて実現する（一五四五年から一五六三年）。断続的に開かれたこの公会議を通じ、ルター派は異端とされたが、その一方で、カトリックの対抗宗教改革が進む。イエズス会は改革の推進者として時代の波に飲み込まれていく。贖宥状の販売など世俗化の進展と不正がはびこっていたカトリック教会の改革の大きな原動力が新しい修道会であり、イエズス会はその中心的な役割を果たした。

その頃、イングランドでは、一五三四年に国王至上法が公布され、イギリス国教会の権威の確立と修道院の荒廃が進んでいた。一六〇四年にはジェームズ一世(1566-1625)が清教徒とカトリックの排除を宣言した。リチャード・フッカー(1554-1600)のように、アクィナスの自然法学説に基づきながら、イングランド政府の教権を擁護する理論家も登場している。

スアレスはイエズス会の修道士として教会改革に従事し、グレゴリアン大学で教鞭をとった人物である。フッカーがアクィナスに学びながら、スコラ思想を退けたのに対し、スアレスはスコラ学を再興して自然法理論を再構成した。なぜ、自然法だったのか。その理由はアクィナスと同じように教皇を中心とした宗教的な権威の秩序を守るためであった。フッカーが擁護したイギリス国教会は世俗権力と結びつきながら宗教的権威を守ろうとした。しかし、当然のことながら、そこには国境という大きな壁がある。スアレスにとって、万物を創造した神の支配が国や地域によって分断されるなどということはあってはならないことであった。教皇と教会の至上権の前には国王でさえも一キリスト者として従わなければならないはずだ。もちろん、スアレスはただ、頑なにカトリックの信仰を守ろうとしただけではない。彼にとって、プロテスタントの批判は真摯に受け止めなければならないものだった。その意味では、スアレスを主知主義と主意主義の論争史のなかに位置づけるとすれば、主意主義の批判を受け止めた上で主知主義を掲げることはどうすれば可能かという問題に取り組んだ思想家であると言うことができるだろう。

主意主義への反論

主意主義者は、人が道徳にどのように動機づけられるかという問題について、人間の理性が自然に動機を伴うとは考えなかった。なぜなら、道徳への動機は神が授けてくださるものだと考えたからだ。彼らにとって、主知主義者のように戒律の道徳的根拠を人間が理解できるなどと主張することは人間が神と同じ知的な水準に立てるというのと同じように、おこがましいことだ、と感じられた。しかし、主知主義者たちは、そのようには考えない。彼らは、宗教世界に動揺をもたらしつつあった主意主義に反論するためにも、神の戒律そのものも人間が知ることができる、法は神の意志の反映だと言う必要があった。

この対立は十六世紀から十七世紀にかけての宗教戦争が激しくなるとより重要な意味を持った。宗教戦争そのものが、人が善悪にかんして同意することができないことの現れだと考えられてしまう危うさを持っているからだ。そうした状況のなかで、人間世界の秩序をもう一度考え直すという主知主義者たちが現れた。スアレスはルターが否定したアクィナスに立ち戻る。しかし、当然だが、単純にアクィナスに回帰できるとは思わなかった。彼は主意主義の良いところを批判的に受け止めなければならないとも考えた。その上で、スアレスは、ルターたちが退けた自然法思想を復活させようと試みる。

法は人間の理性に対して善と悪を明示的に指し示す役割を担い、戒律として知的な存在＝人間に動機を与える源泉になっている。法は善と悪を理性に対して指示し、戒律として理性的存在である人に意志を生み出す。人は法としての良知を持ち、それによって道徳的に振る舞うことができる。だから、神学者は人を導かねばならない。こうした、主知主義の基本的な立場はいかにして擁護できるのか。

なぜ、人は、善いことを為そうとするのか？

スアレスはアクィナスとは異なり、自然な善がそれだけで道徳的行為の動機になるとは考えなかった。スアレスによれば、人を動機づけるには三つの方法がある。1）請願、2）勧告、3）戒律（あるいは法）である。請願は立場が下の存在から上の存在に向けて、勧告は対等な存在の間で行なわれるのに対し、戒律あるいは法は上のものから下のものに与えられる。スアレスは法の役割をこのように性格づける。

法の中心的役割は拘束力である。拘束力があることによって社会秩序が回っていく。しかし、その際、単に命令されたから従うのではなく自発的に従わなければならない。つまり、命令に対して心正しく向き合い、自発的に行為することも必要だ、とスアレスは言う。この時、彼は「法」に二つの効果を認めていた。一つは、具体的にそうせよと指し示すこと。もう一つは、そうせよと指し示されることによって法を守れと動機づけられること。法は具体的に何をするべきかと同時に、法を守ることを動機づけるという効果の両方を持っている。

これは、古典的な主知主義者が神の「order（序列、秩序、道理）」として述べたことでもあった。内容的な正しさと動機づけを同時に与える。分かるということと為すことの間に落差がない。動機づけられることと何が正しいかということは一体になっている。スアレスは神の摂理に対して言われていた主知主義のモデルを法そのものに見出した。法は拘束力を持つので、絶対にそうしなければならないという動機も、何を為すべきかという指令も与える。近代的な法の位置づけのはじまりである。

なぜ、人は悪を行ない得るのか？

アクィナスは神の摂理を人間が感じることができるのは、それを感じるための良知がタネのように人間に植え付けられているからだと考えた。しかし、スアレスは「良知」を人間の心だけではなく「法」としてもあるのだ（「私たちは法を有している」）と考える。彼は、法に従って振舞うことが神の摂理に適い、より道徳的に振る舞うことが可能になると主張した。漠然とした「神の摂理」から、明文化された「法」を参照すること、へ。神の摂理か法か、という具体的な対象は違うとしても、大枠として、彼は古典的な主知主義者の議論を引き継いだと言える。

しかし、そこには主意主義によって提起された重要な問題が立ちはだかる。「なぜ、神は私たちが悪である行ないを為し得るように創造したのか」。スアレスは、神が悪も行なえるように人間を創ったのはどういうことか、をきちんと説明する必要があった。そうでなければ、ルターたち主意主義者に反論したことにならないからだ。

主意主義が批判したように、自然の本性としての善悪を神が変えることができないと主知主義の主張を理解するなら、神も法に拘束されていることになってしまう。そもそも、全能の神は、世界を善としてであろうと、悪としてであろうと創造できるはずだ。ただし、スアレスは主意主義者のように、神が本性としての自然に拘束されているから、世界を修正できないとは考えなかった。全能である神が、自分の創造に反することを考えるはずもないのだ。だから、神が法に拘束されてしまうという主意主義的な理解は、むしろ全能なる神の能力を不当に貶めている、とスアレスは反論する。

興味深いのは、スアレスが、だからこそ、私たちが良知に照らして正しく善を追及しなければならないと主張したことだ。彼によれば、神は望んだ通りに人間を創ったのだから、人間は自らの良知に従って正しく善を追求することが大切になる。彼はルターたちの主意主義を退ける過程で、宗教的な道徳と善との関係を作り変えようとした。

「人が行為するのは心正しくあるためでなければならない」（*On Law and God the Lawgiver* II. X. 11）

つまり、スアレスは人間が道徳的であるためには何か善いことをするだけでなく、それ以上に、正しい動機によって行なわなければならないと主張する。困っている人に手を差し伸べるにしても、何か見返りを得ようという下心があって行なうのではまったく道徳的ではない。スアレスは法に公布と命令二つの側面を見出していた。法に従う時にはその二つの条件をいずれも満たさなければならない。ただし、彼の考えでは、人間が法を持てているという事実そのものが二つの条件を両方とも満たすことができるということの証拠だった。だから、スアレスは道徳的な人間であれば「分かる」ことと「為す」ことは当然、一致するとみなした。主知主義者である彼にとって、分かっていてもやらないとか、分からなくてもやるというのは単に不道徳であり、無知に過ぎなかった。

法における理性と意志

スアレスは「自然法は、あたかも、意志を強制するもののようだ」と述べ、理性と意志の関係を法中心に捉え直した。法は何が善かを指し示す役割と行為を起こさせる力を供給する機能（動機づけ）を持っている。主知主義者は、もし仮に、神が存在しなかったとしても、悪を知らせる理性の命令は法として働くという。しかし、知識を与えるだけでは法は構成されないのではないか。

本性的に善いもの、悪いものは存在するが、神が、それらを「求めよ」「避けよ」と命令を加えることではじめて人に義務が生じる。ただ、命令されて法に従っているという事実だけでは不十分だ。指示され、動機づけられ意志して自ら引き受ける時に義務が生じる。この心持ちの正しさこそが法の執行において最も重要なのであり、それによって道徳的な法の秩序が成り立つ。

神はそもそも不可能なことを命令しない。だから、法が何を命令しているかは必ず分かるはずだ。ただし、スアレスは自然法とはその内容に関する限り万人にとって一つのものだが、それを知ることは万人にとって完全なものではないと考えた。神は自然の光を通じて、指し示す（指示的）、動機づける（戒律的）両方の意味で法を公布する。しかし、自然法の諸原理は自明のもの（正義は守らなければならない）と、推論しなければいけないもの（たとえば、「高利貸しは悪い」など）の二つがある。そして、無知であるために推論できない可能性は十分にある。アクィナスは自然法に従うことによって人間の本性が完全になると考えた。

しかし、スアレスはむしろ、自然法に従って人が道徳的に生きることの困難に着目した。人間の理性はアクィナスが期待するような完成から程遠いからである。

では、どのように人を法に服従させるか。先に述べたように、スアレスは関係の上下によって動機づけのあり方を請願、勧告、戒律の三つに分類した。そして、法は行為を要求する正統な力である＝拘束力を持っている、自然法は万人に対する拘束力を持つとスアレスは強調したのである。しかし、その一方で、彼は、自然法を遵守（守る）する時には、他に選択肢がない強制ではなく、自発的に守る必要があると主張する。スアレスの議論で重要なのは、アクィナスが言うように人間には良心があるというだけでは不十分であるということだ。つまり、アクィナスが良心によって正しく従うことが「可能である」と言うのに対して、スアレスは正しく従わ「なければならない」と言う。二人とも道徳的な振る舞いにおける動機の重要性を認めているのだが、スアレスの場合は正統な拘束力を持つ法の性格をより重視する議論を組み立てていた。スアレスは主意主義者とは違い、人々が法の正しさを理解する可能性を認めていたが、彼と古典的な主知主義との間には微妙な違いが生じていた。

私たちはある行為を、それが自然法に要求されるから正しいものであろうと考えることによって動かされている。法が、そう指し示すので、「これが正しい」と考え、そのことによって動かされる。これは、優良なもの、良いものに動かされるというアクィナスの理解とは異なる。アクィナスは法が良いものだから、人は直接動かされるという。それに対して、スアレスの考えでは、法が「善きもの」を指し示しているという事実そのものを積極的に受け止める意志に重点が置かれるのである。

はじめの一歩

アクィナスの議論では人が道徳的に振る舞おうとする時、それ以外の選択肢や可能性が道徳的に善であるか悪であるかとは関係なく、その振る舞い自体の有用さ、あるいは善性が神によって端的に指し示されていた。スアレスの発想では、私たちは、それ以外の、どの選択肢も正しくないので、その振る舞いが重要なものなのだと反省的に理解することになっている。だからこそ、自然法は他に正当な選択肢がないことを示して、あたかも意志を強制しているようなものになる。言い換えると、単に、これが善いと指し示されるから善いのではなく、周りの他のものが否定され、これだけが善いとされる。「あたかも、強制される」とスアレスが言う時には強制されないということが重要になっている。何が道徳的に正しいかを理解し、そのことによって道徳的に振る舞うという結論はアクィナスと同じでも、スアレスの議論においてはその過程で、人間の思考能力や判断も重要な役割を果たしていることが示される。

アクィナスの考えでは、彼自身の意図とは別に、もしかしたら他にも正しいものがあるかもしれないのに、これだけを選べというように見えてしまう。だから、他の可能性もあったかもしれないと思える。しかし、自然や法によってその他の可能性が否定され、これしかないと正しさが示される場合、選択は「あたかも強制されているように見える」が、しかし、自発的な判断の結果でもある。スアレスとしてはそのように述べる必要があった。なぜなら、彼は主意主義に対して、単に意志を退けるのではなく、意志と理性を矛盾しないで統合できると反論しなければならなかったからである。人間の理性はアクィナスが考えたほど完全ではないかもしれないが、主意主義者たちは理性を否定し過ぎている。なるほど、確かに、人間には意志があるが、彼らが言うほど、人間は分かっていないわけではない。

今日の私たちからすると、悪を為すことができるにもかかわらず、善を選ぶところに、スアレスは人間の意志や義務が働く余地があると捉え直そうとしたと見える。しかし、ここでも、まだ議論の中心は神であることは理解しておこう。アクィナスや主意主義者がそうであったように、スアレスもまた全能の神を信じ、そのことを擁護するために自らの議論を組み立てたのである。

しかし、わずかではあるが、彼は決定的な一歩を踏み出すことになった。アクィナスは素朴に主知主義を取ることができたが、スアレスは、ルターの批判に答える形で主知主義を立て直そうとした。選択的に意志や義務を行なっているということを法中心に説明しようとした彼の理論は、まさに法によって人々の間に秩序を確立しようとする私たちの世界への扉を開いたと言えるだろう。

成文法の限界（グロティウス：ネーデルラント〈オランダ〉）

一六〇三年、オランダ船がポルトガルの武装商船を拿捕した。現在のシンガポールのあたりの海上で、このポルトガル船を捕らえたのはオランダ東インド会社の船員であった。オランダ法廷は、船長と彼を雇っていた東インド会社が得た利益が法的に認められるか審議をした結果、得られた利益は正当なものだという判決を下した。この事件の背景には宗教的な対立があったため、判決が下された後も反対する者が多かった。この時、オランダ東インド会社の依頼を受けて、法的決定の妥当性を訴えたのがグロティウスであり、この時の文書はのちに『自由海論』としてまとめられている。

「行為の範囲が国内的ではなく他国に及ぶものに関して、唯一成文法のみを根拠に判決を下すのは――平和状態でなく戦争状態の下で犯された行為ならなおさら――無駄な努力だろう」

(*Commentary on the Law of Prize and Booty*, p.6)

当時、ネーデルラント諸州はスペイン・ポルトガル連合との独立戦争（八十年戦争）のただなかにあった。さらに、海上貿易で覇権を握っていたネーデルラントに対し、新たに海洋進出を目論むイングランドが挑戦し、ネーデルラントを取り巻く国際情勢は日々緊張の度合いを高めていた。一六五一年にイングランドにおける貿易をイングランド船に限定するという航海条例が定められたことによって、中継貿易で多大なる利益を上げていたネーデルラントとイングランドの間に第一次英蘭戦争が勃発する。そのため、宗教と政治、国内外に重要な課題を抱えるネーデルラントにとって、国家を超えた法としての自然法理論が、成分法の及ばない範囲の問題を、どのようにして論じることができるのかという課題は現実に照らしても極めて重要なものだった。先に引用したグロティウスの発言や彼の思想はそのような時代背景とともに理解される必要がある。

ネーデルラントにおける神学論争

グロティウスの思想の位置を理解するために、宗教的な対立について、もう少しだけ触れておこう。当時のネーデルラントでは、アルミニウス主義と呼ばれている宗派の是非をめぐって神学論争が起きていた。そもそも、ネーデルラント諸州がスペインに対して独立を求めたのは、ネーデルラントにプロテスタントであるカルヴァン主義者が多かったにもかかわらず、当時の支配者であったスペイン国王フェリペ二世が熱心なカトリック教徒であり、プロテスタントの弾圧を行なっていたことが大きな理由になっていた。カルヴァン(1509-1564)はルターたちと一緒に宗教改革を主導した極めて重要な人物だが、彼は神によって救われる者はあらかじめ決まっているという予定説をとなえていた。この主張は信仰における恩寵を重視したルターと同様のものである。しかし、救われるものがあらかじめ決まっているなら、どうして日々の信仰に努める必要があるのか、と思うのは、当然の疑問であったであろう。カルヴァン主義を中心に独立運動を続けたネーデルラントの内部でも、カルヴァン主義に対する異論が生じる。これは単に宗教上の議論ではなく、独立運動そのものの基盤を揺るがすことになるため、大きな論争になった。この論争の中心にいたのが、ヤーコブズ・アルミニウス(1560-1609)である。彼は当時のネーデルラントのキリスト者として当然のように、カルヴァン主義を学んで育った。しかし、彼は次第にカルヴァンの説から離れ、あらかじめ救われると決まっている人だけでなく、誰にでも救済の可能性があるということを主張するようになる。アルミニウスが、ネーデルラントのライデン大学の教授として着任すると、カルヴァンとアルミニウスは「救済」についての見解の違いをめぐって激しい論争へと発展した。この争いは最終的にドルト会議（1618–1619）においてカルヴァン主義者の勝利に終わった。そのため、アルミニウス主義者はオランダ国外へと亡命しなくてはならなくなる。そのなかには、アルミニウス主義者の一人であったグロティウスもいた。彼はフランス王ルイ十三世（1601-1643）の庇護の下で暮らすことになる。そのため、グロティウスの主著である『戦争と平和の法』はフランス亡命生活のなかで書かれた。いわば、彼自身が、宗教と国家と道徳をめぐる深い争いに巻き込まれていたのであり、このことは法と信仰をめぐる彼の議論にも大きく影響することになった。

神の摂理と成文法

スアレスは私たちが法によって正しさを要求されていると主張した。彼もそれ以前の論者たちも自然法は神の摂理に由来すると考えていた。それに対して、グロティウスが画期的であったのは、世俗化された自然法を作ろうとした点にある。彼は敬虔なキリスト者でありながら、最高善と法の関係を問わない。グロティウスは人間世界に法が必要だと考えた。しかし、それは人間が本性に従いさえすれば、そんなに難しいことではないように思われた。人間は利己的な側面も持っているが、それと同じ程度に社交的でもある。現に二つの側面が存在している以上、人々が自らどう振る舞うべきかをよく考えさえすれば、わざわざ神の摂理に訴えるまでもなく、自然法に支配された平和な人間世界が作り出すことができると彼は考えたのである。

「社会ならどんなものでもというわけではないにせよ、平和的で、［われわれの］知性の程度に応じて形づくられた……社会への強い欲求を誰もが持つ」（*On the Law of War and Peace, prol. 6, p.11*）

ただし、グロティウスはそれまでの自然法理論のすべてを捨て去りはしなかった。彼にとって、自然法理論のなかでも人々に正しくあることを要求したスアレスの理論は重要なものである。グロティウスは、正しさとは他人のモノに対して慎ましくあることであると考えたが、これは信仰の動機に正しさを求めたスアレスの主張とかなり異なっている。通常、私たちが会うことのできない神とは違って、他人のモノは実際に目の前にあるのだ。そのモノに対して自らの欲を慎むという正しさであれば、経験的に訴えることができる。しかも、それだけでなく、人々は社交的であろうとする本性を持っているのだから、その訴えは必ず理解されるだろう、というわけだ。彼はスアレスの「正しさ」という理念を経験的なものに作り変えることで、頻繁に宗教紛争や国家間の争いが起こる世界に秩序を回復する可能性を見出した。

世俗化された法理論にかんする第一人者としてグロティウスを理解することは間違いではないが、同時に、彼がネーデルラントのなかでは異端とされてしまった自らの信仰の下で、その理論を作り上げていったことも忘れてはならない。言い換えると、彼の主張はそれまでの神学的な論争に対する不満によって生まれたと言っても良い。スアレスが教会の信徒の堕落に危機感を覚えたことから正しさを要求したことからも分かる通り、「正しさ」は世俗の問題に対して掲げられるべき理念であり、世俗の問題に解決の糸口を示さなければならなかった。グロティウスは、それまでの自然法理論は、現実の問題を解決する理論としてはあまりに不十分なものだと考えたのである。

正義が正しい理性に従う人々の習慣によって守られると考える点では、グロティウスは神学的な主知主義の伝統に従う。彼は、世界に平和をもたらす法は経験的に見つけることが可能であり、しかも、ひとたび見つけられさえすれば人々は当然、その法に従うはずだと考えた。その意味で、グロティウスは、やはり人間の理性に期待していたのである。しかし、彼は経験的な世界に言及はしたが、人間の本性における理性の位置づけや行為の道徳的性質の源泉については論じることはなかった。

「実際、多くの生き方があり、他よりすぐれた生き方もある。そういった多くの生き方のなかから、よいと思うものを各人が自由に選べるのとまさしく同様に、人民は自分が望む統治形態を選択できる。そして、そのことに関して、その統治形態の法的権利の及ぶ範囲は、それに対してさまざまな人がさまざまな見解を持つから、あれこれの統治形態の優越性によってではなくて、人民の自由選択によって判断されるべきである。」

(*On the Law of War and Peace* Ⅰ.Ⅲ.viii. *2, p.104*)

したがって、主知主義者たちがグロティウスの議論を神学的にはあまりに不十分なものだと受け止めるのも無理はなかった。彼らは良知を道徳の中心に位置づける聖トマス以来の伝統に従っていたからだ。「もし、神がいなかったとしても」というグロティウスの有名な言い回しは、世俗世界の秩序だけを重視し、神を軽視した言葉として知られている。確かに、『宗教論』のなかで彼が自然法の理解と遵守に必要としている信仰箇条は非常にわずかなものであり、相手がキリスト教を信じていないかもしれないという理由で戦争をはじめることも正しくはないと述べている。また、『宗教論』では全てのものが自らだけでなく、全体の善の両方に役立つとも書いているが、『戦争と平和の法』ではこの信念は表立っては触れていない。つまり、グロティウスを論じる時に、宗教的な側面だけに注目して、彼を信仰者として記述しようとすると失敗するし、反対に、冷徹な法学者と捉えても、うまくいかないことになる。

ただ、グロティウスのために付け加えておくならば「神がいなかったとしても」という発想そのものはスコラ哲学の影響を受けた主知主義のなかにも見られるものであった。先に述べたように彼自身が敬虔なキリスト者だったことは明らかである。グロティウスが、このように述べたとしても、今の私たちが文字通りに受け取るべきではないだろう。彼の理論は主知主義的神学論として不徹底であっただけでなく、後の哲学者たちからすると、世俗的、経験的なものに基づく法理論としても多くの不備を抱えるものであった。しかし、そのような混乱と格闘は、神学的世界観を支える社会的な基盤そのものが揺らいでいた時代だからこそ生じたものだと言える。逆に言えば、後の世代の理論家が彼の不備を指摘しなくてはならないほどに、グロティウスの主張は人々に大きな影響を与えることになったのである。

直面した、二つの課題

ここでは、敬虔なグロティウスの主張をあえて経験的な問題にのみ則して、交戦中の異なる宗教に属する集団同士の間で権利をめぐる論争を合理的に何とか解決しようとしたと考えてみることにしよう。すると、問題は二つあることが分かる。

第一に自国の法が唯一の法だとすれば国際紛争を解決する方法は武力しかない。第二に、プロテスタントの国とカトリックの国が紛争状態に陥った場合は聖書に訴えることができない、なぜなら、むしろ聖書をめぐって争っているからである。

宗教的な経典を参照することも、自国の法に依拠することもできないので、人間の命令ではなく自然から発する「法」に訴えなくてはならない。この場合の「法」は、人間本性の全般に関わるようなオーダーとしての広い意味での自然法である。

当時、グロティウスはいわゆる「懐疑論者」だとしばしば批難されていた。こう訴えた側の気持ちも分からなくはない。なぜなら、彼は、二つの国の法、あるいは二つの教義を目の前にして、どちらが優れているかではなく「解決の糸口はどこにあるのか」と問うたのだから。特に、互いを異端だと信じている宗教者から見れば、グロティウスが「真の法」などはあり得ないと考える懐疑論者だと思えたとしても当然のことだろう。しかし、彼は、自然法について自らの理論を持っていた。彼からすると、自然法を書かれたものや他人に説かれるものだというのは、どう考えても不自然で無理があった。そこで、真に自然な法であれば、それは人間の本性に現れているはずだとグロティウスは主張する。この点においては、彼にとって、スアレスよりも、聖トマスの方が近い立場だったと言えるかもしれない。なぜなら、スアレスが主知主義者でありながら、支配者としての神と神に授けられた法の命令の側面といった主意主義の主張をある程度受け入れたのに対し、トマスは良知が人間の心に宿ると考えていたからだ。グロティウスは人が利益を追求する（利己的）一方で、社交を求める（利他的）存在である＝本性を持つことを認める。このように、基本的に合理的解決の可能性を捨てなかったのだから、彼を懐疑論者と考えるのは誤りであろう。さらに、人間の本性として利己性と社交性の二つを掲げたことは、後に見るホッブズ（第五章）やカンバーランドたちの主要な論点を先取りしていた。利己心と利他心という二つの性向そのものによって社会秩序の維持は自然法の重要な主題になる。

グロティウス以前の自然法は「私の善」と「みんなの善」が一致するように配慮する存在として神がいるという発想に立っていた。しかし、現実問題として、そのように考えることは難しい。なぜなら、かつて主知主義者が知の欠如として悪の存在を認めたように、実際に紛争が起きているからである。世界を神が支配しているということを疑わないとしても、神が支配するこの世界の一員として、世界をより善い状態にしなければならないという感覚がグロティウス以後の道徳哲学を突き動かしていくことになった。

再び確認すると、古いタイプの自然法のように調和をもたらすために神を持ち出すのではなく、紛争解決の方法としての自然法を組み立てた点にグロティウスの独自性があった。彼の自然法に従えば、自分の善と世界の善が等しくもたらされることを保証する神は、持ち出される必要はない。彼は、永遠の法や人間本性の完成への考慮ではなく社会維持の問題への回答として自然法が大切だと述べた。つまり、あくまで紛争解決のために自然法が重要なのである。

たとえ、われわれが認めるべきだとしても

自然法はどの行為が卑しく、神によって禁じられているかを私たちに示す理性の命令である。しかし、卑しい行為は、その行為自体が悪いので神が禁止している。グロティウスによれば、私たちは神の意志によって固有の特徴を持った存在として創造されたのだから、それと同様に神の自由意志が法の源泉であると言ってもよい。しかし、そうだとしても、主意主義者の言うように、法自体がどのようなものか分からないということはない。彼は、自然法が何を示しているかは人間に分かると考えた。紛争解決する手段として自然法を考えるならば、これは当然である。

主意主義的な自然法理解では、私の善とみんなの善が一致するように神が配慮しているとみなすので、この世界は調和していることになる。しかし、実際にはどうか。現実は、とても調和しているようには見えない。無論、彼らの理解に従えば、神の摂理としての調和を私たちが理解できないだけかもしれない。しかし、いずれにせよ、主意主義者のような素朴な自然法理解に立つことは困難ではないか。そう、グロティウスは考えた。

素朴な疑問

だが、神の意志とは独立して規則や法が人々に義務を課すことができるのであれば、どうして

神の意志が必要なのかという疑問が生まれる。義務の性質を神の道徳から切り離す以上、グロティウス主義者は、この問いに答えなくてはならない。

そもそも、自然法は神が与えたものだ。全知全能である神が、人間も世界も創造した。万物が互いに矛盾を起こすように神が創造したとは考えにくい。ところが、実際には、紛争が起きている。では、この状況をどう調停するのか。聖書でも自国の法でもない、もっと、包括的な自然法が求められる。しかし、この自然法は紛争解決のための方法として読み直されている。スアレスが言うように自然法自体が神の意図とは別に拘束力を与えるとすると、人間の法と神の意志が両立することになってしまう。

そうだとすれば、人間世界の秩序や紛争に強い関心を持つグロティウスは、なおさら、どうして神の意図が必要なのかという問題に、答えなければいけない。そこで、彼は徳の不十分性を説くことによって、神の意志の必要性を示そうとした。グロティウスはこう考えた。人間は神によって本性として利己性と社交性を持って創造された。しかし、原罪に示されているように人間はその本性に従って生きるということをしてこなかった。だからこそ、万能なる神は本性に従って生きようとしない人間に対して、自らの力を創造するだけで止めず、法の布告によって自らの意志を示し続けてきたのである、と。

グロティウスのこうした考えは、忠実に聖トマス以来の主知主義の伝統を踏まえたものになっている。このことは、アクィナスやグロティウスとアリストテレスとの違いを考えると、より分かりやすい。中庸の学説を道徳論として掲げたアリストテレスは、本書のテーマにとっても深い関わりのある問題、すなわち道徳の中心に徳と法のいずれかを据えるのかという問いに取り組んだ先駆者であった。アリストテレスが人々に感情や行為の「中庸」さ、適切さを求める時には、人々が、まさにその適切さを判断すること＝徳に重点が置かれている。これに対して、アクィナスは人々の理性に指針を与える法があることを強調する。これが自然法なのだ。そして、アクィナスは徳がその法に従う習慣であると主張する。つまり、彼はアリストテレスが相対的に分けて考えていた法と徳を再び結合させたのだ。この意味で、神学的な主知主義はやはり理性における不完全さというものに目を向けていたと言える。

完全な権利と不完全な権利

グロティウスも、また、アクィナスと同じ様にアリストテレスを批判する。確かに人々は自らの行為において適切に振る舞わなければならない。しかし、アリストテレスはこの点において人々に過剰な期待を抱いている。グロティウスの考えでは、人々が罪深いことは明らかなのだから、神が自らの意志を示している法によってだけ、アリストテレスが期待する適切さが実現できる、というわけだ。すでにアクィナスは「徳は法に服従する習慣に過ぎない」と述べていたが、グロティウスにとっても、そうした習慣を人がなぜ持ち続けるかは重要ではない。彼によれば、人が守るべきものとしてより重要なのは権利である。人々は互いに権利を守ることによって正しく生きることができる。権利とは有徳な性質が関係するような善ではなく、神ですら尊重しなくてはならないような人間本性に結びついた特殊な道徳的な属性だという。そして、人々が権利を守るための命令と秩序こそ、他ならぬ自然法なのであった。法に裁量の余地がある時には、許容できる範囲に留まるのが有徳な振る舞いであるというだけであり、徳から特殊な洞察力が生じるわけでもない。

一方、グロティウスとアクィナスの間にも当然のことながら違いがあった。グロティウスは権利を中心に自らの自然法理論、正義論を組み立てたが、彼にとって、権利は善を可能にするためにたった一つの最高の方法というわけではない。これに対して、アクィナスにとっては、自然法に従うことが、そのまま、神が望んだ世界を確立することを意味した。したがって、グロティウスの自然法理解は主知主義のなかでも独創的なものだったと言えるだろう。

別の言い方をすれば、グロティウスはアクィナスによって結合された法と道徳を再び切り分けようとしていたと考えることもできる。近代の自然法論者の多くは、様々な道徳を人間に対する外部の力による規則という観点から定義する。正義という理念がその典型だ。グロティウスもその例外ではなく、権利と義務という観念を通じて「道徳を人間に対する外部の力による規則」だとするような見解を広めた。ただし、彼は権利を完全な権利と不完全な権利に区別することで、人間の有徳なあり方に二つのバリエーションを示そうとしていた。完全な権利から生じる正義の法の下では人は完全な義務を持つ。その権利の侵害は戦争や暴力行使の正当な理由となる。不完全な権利にかんして強制力を持った「正義の法」はないが、それに代わる「愛の法」がある。穀物を売る人が買う可能性がある人に船荷の到着を伝えることは、義務ではないが、そうすれば褒められるし、しなければ愛の法（利他心）に反する。グロティウスは確かにアリストテレスの道徳論が正義の必要性を説くことができないと批判した。しかし、彼は、正義の必要性がないところでは、アリストテレスが望む判断の適切さが重要な役割を果たすということについては少しも否定しなかった。人間の道徳における完全義務、不完全義務の区別は、後にカントが扱ったことでよく知られているが、グロティウスは間違いなく、そのような区別を道徳哲学にもたらした最初の一人である。

さらに、グロティウスは正義の法と愛の法は対等の資格で扱われなくてはならないとした。彼と同時代の理論家であるホッブズは「利己心を中心とする正義の法」（完全義務）を重視し、その一方でカンバーランドは「利他心を中心とする愛の法」（不完全義務）をより重視していた。それに対して、グロティウスはあくまでも両方を尊重しなければならないと考えていた点に特徴がある。彼によれば、権利は人間本性の一部で外から与えられたり、奪われたりするものではない。人間は利己的でもあり利他的でもある本性を持っている。だから、利己的であれ、利他的であれ人間の本性から導かれた権利はどちらも尊重されなければならない。彼は法によって権利が作られるのではなく、権利が法を基礎づけると考えた。そのため、ホッブズやカンバーランドのように二つの法のいずれを優先するべきか、と議論する必要を感じなかったのだ。権利を個人の本質的属性と考える法が近代ヨーロッパでは一般的だが、こうした理解はグロティウスによって作られたと言って良い。むろん、個人の権利を尊重するからと言って、彼が共同体を軽視したわけではない。愛の法が法であるのは、法によって実現されるべき権利として、人々のつながり＝共同体があるということを示している。

また、二つの法をめぐる彼の主張は、神の意志が道徳にどうして必要なのかという主知主義の問題と、アリストテレスに対するグロティウス自身の批判の立場を明らかにしている、彼は人間の理性を働かせることによってのみ、互いの権利を守るための法として確立されるものを正義の法と捉えていた。それに対して、そのような法の確立が必ずしも可能ではない人間の理性が及ばない領域に、言い換えれば神の意志がより明確に示される必要がある領域における道徳として愛の法があるということを考えていたのである。彼は自らの神学的態度を必ずしも著作のなかで明確にしていたわけではないが、少なくとも神の意志が法のために必要だという回答をグロティウスの道徳理論から引き出すことは可能である。その一方で、愛の法に対置される正義の法の必要性を訴えていることからも分かるように、彼の理論が全てを神の道徳・愛の法だけに委ねることはできないと主張していることも明白であった。

彼には、法と道徳とを区別する必要があった。現実に紛争が起きている以上、極端な主意主義を取らない限り、道徳と法が繋がっている古いタイプの自然法を主張するのは困難である。諸国が乱立するように、正義と法がたくさんあって、自国の法にも聖書にも訴えられない。しかし、だからと言って、調停ができないかと言えば、そうではない。彼は、愛の法を正義の法と対等なものとして捉えることで、言い変えれば、愛の法（道徳）と正義の法（法）に別の役割を見出しながら、それぞれを独自に機能させることで、諸国間の紛争を可能な限り調停しようとした。

このように、グロティウスはより良い秩序が発見可能であると考えながら、神の意志の権威を訴えた主意主義の批判をうまく自らの理論に取り込んだ。彼は理性・利己主義だけではなく感情・愛・利他主義の重要性を説く主知主義を確立した。そのため、彼は、ホッブズのように、再び徹底した主意主義の立場に立つものたちにも強い影響力を与えることになった。ホッブズは典型的な主意主義者として嫌われ続けたが、主知主義者の理論を無視したわけではない。彼は、主知主義者グロティウスの理論のなかから感情、それも特に恐怖心に注目し、それを先鋭化させることによって、グロティウスの理論を自らの主意主義へと反転させたのだ。それほど、グロティウスの理論は近代の自然法理論にとって重要な転換点だった。

スアレスが教会の腐敗に対して心の正しさを要求し、さらに、それを受けたグロティウスが愛の法、正義の法の二つを強調することで自然法理論は世俗化していく。それでも、アクィナス、スアレス、グロティウスたちは、一貫して、主意主義からの批判を踏まえて理性と情動を統合する緻密な議論を主知主義の伝統に加えようとしていた。

そもそも自然法はローマ帝国の領域全土に及ぶ法としての万民法にその起源を持つ。ところが、帝国から地域国家への移行が進むなかで、人々は自国法と国際法の両方の秩序を作り上げる必要に迫られていた。おそらく、グロティウス自身は神学的にも政治的にも伝統的な主知主義者としてただ一つの法である自然法を復権しようとしていた。しかし、主権国家が成立している現代の私たちから見た場合、彼は国際法を打ち立てたようとした人物＝「国際法の父」であるかのように見えてしまうのだろう。実際、後の世代への影響からみても、グロティウスが近代的な主知主義―主意主義論争の土台を準備したということは間違いない。しかし、それは、あるいは彼にとっては皮肉な事だったのかもしれない。だが、これと同じことは彼だけでなく、神を擁護しようとした近代道徳哲学者一般についても言える。

すでに述べたように、グロティウスと同じ時代に生きながら、彼の主知主義に反して主意主義的な道徳理論を掲げた代表的な論者がホッブズである。ただし、ここでは二つの理由から、ホッブズよりも後の時代に生きたカンバーランドを先に取り上げる。一つは、グロティウスが取り組んだ自然法理論の世俗化を踏まえて、なお神学的な態度を護持するための道徳理論をカンバーランドが作り出そうとしたからである。世俗化しつつある法あるいは道徳に神の意志が必要だとすれば、それはどのような意味においてか。グロティウスはこの課題に明瞭に答えることはできなかった。

もう一つの理由は、主意主義による批判とグロティウス主義が道徳への動機づけ問題をもたらしたのに対して、カンバーランドの理論には、なお主知主義的な道徳を擁護しようとする方向性が見出されることである。主意主義的な理論に依拠するという立場の違いはあるが、ホッブズも道徳への動機を主題化した先駆けであった。両者の議論に見通しを与えておくなら、ホッブズが利己心と恐怖を動機の中心に据えたのに対して、カンバーランドは利他心と仁愛を重視した。このようなカンバーランドの態度こそ、道徳理論において動機が主題となった後も、キリスト教道徳とその理論的な支えになっていた主知主義を擁護する道を開いたのである。つまり、動機づけ問題に対する彼の理解は、世俗的な自然法理論に対して神学的態度を護るという第一の理由と密接に結びついている。理論的な大転換をいきなりホッブズに求めるのではなく、むしろホッブズの理論的な特徴を明らかにするためにも、一見古典的な立場を採用したカンバーランドの道徳理論を概観しておくことが重要なのだ。

王政復古とイングランド国教会（カンバーランド：イングランド）

市民の権利拡大を求めて起こったピューリタン革命（一六四一年〜一六四九年）は、当初の目的からは想像もできなかったクロムウェルの独裁政権が確立されて以降、特に政権末期にはイングランド国内に大きな混乱をもたらしていた。最終的には、クロムウェルの死後二年、パリに亡命していたチャールズ二世が呼び戻されて、王政が復活してしまう。チャールズ二世は、王による徴発権の廃止と新たな税制の導入など、市民に譲歩することで王権を復活しようとした。しかし、その一方で、彼はイングランド国教会以外の宗派を認めなかった。

リチャード・カンバーランド（1631-1718）の自然法理論はホッブズ的世界観（恐怖に基づく主意主義）への反論として愛を道徳の中心とする主知主義を掲げ直した。しかし、理論的な違いが重要であることは当然にしても、両者がいずれも王党派、国教会側の人間であったことにも注意しておくべきである。その背景は彼らの理論を理解する上でも重要だろう。ホッブズはピューリタン革命が起きる前にパリに亡命したのに対し、カンバーランドはイングランドに残っている。そのことは、二人の思想に多大な影響を与えた。カンバーランドは王党派の一人オーランド・ブリッジマン卿の庇護を受けることで革命下のイングランドで生き延びた。それに対して、ホッブズは亡命中にイングランド国教会の洗礼を受けている。

ホッブズが主意主義的な自然法を主張した際に考えていたのは、ピューリタン革命をはじめとする市民革命が起きるなかで、政治的な絶対権力（リヴァイアサン、ビヒモス）の必要性を訴えることであった。これに対して、カンバーランドが直面した課題は、かつての王政もクロムウェル独裁も避けることができなかった混乱である。つまり、ホッブズのように革命に対して王権を含めた絶対権力を消極的に対置するだけでは、不十分であった。彼は、復活したイングランド国教会がそのような混乱を適切に統治できると積極的に主張する必要があった。実際、カンバーランドがそれを目指したかどうかはともかく、宗派の違いに対する宗教的寛容は王政復古期には実現されず、名誉革命が起きた後の一六八九年に「寛容法」が制定されるのを待たなければならなかった。

もともと、主意主義者たちは神が何を考えているかは人間には分からないという前提に立って、経験的な世界で私たちが実感しているものを重視してきたのに対し、主知主義者たちは神の考えが分かるという前提に立つために、目の前の経験的なことよりも、その背後にある神の考えに近づいていくことが目指された。グロティウス、ホッブズ以降、主意主義は神を人に恐怖を与える専制君主のようなものとして取り上げた。ホッブズのように恐怖ということを前面に出さないままでも、人間には神の考えが分からないのだから、分からないことによる畏怖が人間と神との関係における重要な側面であることは、主意主義者たちには否定できなかった。主知主義者はこのことを嫌い、あくまで神に対する敬愛の念を守ろうとした。しかし、主知主義者たちも経験的な世界を無視することができなくなってくる。かつてのように良知によって神のことが分かると言うだけではなく、具体的な問題を解決する必要があった。そのため、主知主義者も経験的な問題から善や道徳について語らなければならなくなっていた。

こうした課題に応えたのが、イングランドの司教であったカンバーランドである。彼は、ホッブズ的な世界観に対抗するために、アクィナスの議論を「経験」をベースに復活させようとした。彼は主知主義者として、神の目的は分かるということを重視した。しかし、あえて神の目的を持ち出すまでもなく、私たちは誰かに良いことをすると、そのことを喜びとして実際に感じることができる。言い換えれば、人間は利己的に振る舞うだけではなく、利他的に振る舞うことも経験的に明らかである。カンバーランドは、そうした経験が、道徳的世界の基礎になり得ると主張した。

カンバーランドはグロティウス同様人間の利己心を否定しない。しかし、ホッブズが利己心に依拠してこそより良い利他的な行為ができると述べたのに対して、カンバーランドは利他的な世界のなかでこそ利己心がうまく働くと主張した。これは「私的な善の追求が最も可能になるのは、共通善の下でのみである」というアクィナスの理論の復活でもあった。

では、私的な善の追求が「最も可能になる」とはどういうことだろうか。カンバーランドにとって、それは私的な善を最大限追求できるということであった。だから、彼は功利主義の父とも呼ばれている。カンバーランドは、人間が善悪にかんして量の観点を持っていることは経験的に明らかだ、と主張する。彼にとって、善は経験できるものであり、天上つまり神の世界ではなく目の前にあって数えられるものだった。そのため、彼にとっては共通善も「あらゆる人々にとっての善」というよりも「善の総和」として考えられている。ただし、カンバーランドは善そのものが数量化できると必ずしも思っていたわけではない。この点においては、後代のベンサムのような功利主義者とは一線を画している。彼が強調したのは、事実として「私たちが道徳的判断をする際にはどのような判断や行動が望ましいかを比較している」ということである。実際、私たちは道徳的行為に優先順位を付けることができる。だとすれば、必然的に、最大の善が何よりも重要であることは明白なはずだ。現実に衝突や紛争といった悪が生じていることは否定できないが、しかし、共通善すなわち最大の善が望ましいことは理性的存在であれば誰でも理解できる。

そして、彼は、最大の善を実現するには神が命じる仁愛の実践が必要になると主張することで、経験世界と信仰における秩序の両立を目指した。人間は自らの能力を最大限に活用することによって最も幸福になることができるだろう。ところで、神が人間に命じた仁愛の実践は、他の動植物には不可能であり、人間の能力が当てにされている。それは、神が、他でもない人間に命じた点から明らかである。だから、人間の能力を最もよく発揮できる仁愛の実践は人間に最大限の幸福をもたらすだろう、ということになる。

「万人に対するあらゆる理性的行為者の最大の仁愛は、あらゆる理性的行為者の、そしてあらゆる仁愛ある理性的行為者の最大の幸福の状態を形づくる。彼らの権能の範囲内においてはそうである。この最大の仁愛は、彼らが手にできる最も幸福な状態のために必要な条件である。したがって共通善は至上の法である。」

(*A Treatise of the Laws of Nature* Ⅰ.iv,p.41)

このように、愛の法を中心に据えたカンバーランドの道徳理論は、秩序としての共通善が私たちの理性の下に発見可能であり、その理性を最大の善を希求する神との関係において理解することを可能にした。また、共通善の実現によって生じる幸福の重要性を示すことで、私たちの道徳への動機づけが可能であることも説いたのだ。

ただ、カンバーランドの理論にもやはり難点がある。彼は教会の権威を擁護するということに強い関心を持っていた。そのために、カンバーランドは古典的な神学的主知主義者が主意主義者から受けた批判を回避することができなくなってしまったのである。たとえば、「最大の善」について。カンバーランドは私たちが道徳的な優劣について論じているのだから、「最大の善」が望ましいということは誰もが理解すると主張した。たしかにそうかもしれない、しかし、肝心の、その「最大の善」がどういうものなのか、神が世界をどうあるべきと考えているのかが分からないからこそ、人々は苦しんでいるのではなかったか。カンバーランドも、人間には神の理性が備わっているわけではないのだから、「最大の善」そのものが人間に分かるはずもないということを認めている。要するに、彼は善と幸福を結合させることで「善を知覚するなら、人はそれを不可避的に為す」というアクィナスの理論を復権させたものの、人間は無知であるはずだという主意主義からの批判には何も反論できていないのである。スアレスやグロティウスは、世界の秩序を見通すことのできない人間の知的能力の限界を認め、それに代わって善を行なう心の正しさや人間の本性を見つめることを要求したと言えるだろう。グロティウスは愛の法を重視したが、有効性についてはかなり慎重な立場を取っていた。だからこそ、正義の法と並列な地位を与えたのである。これに対してカンバーランドは世界の秩序や愛の法というものをあまりに素朴な形で取り上げ直してしまった。これでは、「悪はなぜあるのか」といった以前からある古典的な、しかも当時の時代状況としてはより深刻になりつつあった問題に対する回答として不十分だと思われても仕方がなかっただろう。

以後の議論のために、いまここで、感情と理性、利己性（性悪説）と利他性（性善説）という区分を用いて、見通しを立てておこう。そうすると、カンバーランドは理性を中心に性善説を掲げた人物である。これに対して、感情を中心に性善説を採るのがトクヴィル、感情中心の性悪説を考えたのがホッブズ、そして理性を中心に性悪説を掲げた代表的人物がデカルトだと言えるだろう。

ただし、ここでも拙速にその議論の顛末を追うのではなく、主知主義が動揺する要因となった議論を精査することからはじめたい。すなわち、主意主義の論者たちがいかに神と信仰を主知主義の欺瞞から守ろうとしたのかを知ること、これがわれわれの次なる課題である。

第三章　不完全な人間への命令（主意主義）

諸刃の剣に抗して

ここまでは、スアレス、グロティウス、カンバーランドといった主知主義者、つまり人間が道徳的であるためには、何よりも善悪を理解することが重要だと考えた人たちの議論を取り上げてきた。彼らが直面したのは、人々は明らかに善あるいは悪を分かっているのに、それでも解決しようとはしていないという問題だった。別の言い方をすると、万能である神だけが見通すことのできる世界の秩序を、無知な人間の善悪の基準でどうして推し量ることができるのかという批判に対して、彼らは明確には返答をすることができなかったと言ってもいい。もちろん、彼らも、特にグロティウスはこの問題に対応しようとはしていた。神よりはるかに劣った存在である人間も、無知、つまり理性の欠片もないというわけではない、というのがその暫定的な答えだ。

これに対して、スコトゥスやルターをはじめとする主意主義はどう応えたのだろうか。主知主義が自らの傲慢を認めれば、彼らの議論はそれで終わるのかと言えば、そうではなかった。むしろ、この時代、主意主義の方が主知主義よりも、はるかに深刻な危機にさらされていたと言える。ルターは人間の道徳には神の恩寵によって授けられた動機とそれに基づく信仰こそが最も重要であると主張した。しかし、眼の前に広がるのは明らかに信仰では解決されない事態だった。いや、それどころか、むしろ信仰をめぐって血みどろの戦いを繰り広げる人々だ。このような状況において、道徳が神の意志によって作られ、人間の意志は神の恩寵にしか期待できないという主意主義の古典的な立場を支持するのは、よほど強い信仰心と精神の持ち主でない限り難しいだろう。そのため、神の支配する世界が人間にはとても分からないとしても、人間が意志する道徳がどういったものなのか、どうあり得るのかを丁寧に論じる必要を主意主義者たちは感じていた。ここでは、道徳に対する動機を重視してきた主意主義が、宗教と世俗の混乱のなかでどのように道徳的意志についての主張を変化させてきたのかを追っていくことにしよう。取り上げるのは、デカルト、プーフェンドルフ、そしてロックである。

近代の幕開け（デカルト：フランス）

宗教と世俗との分裂、もしくは宗教の混乱は、一六一八年にはじまった三十年戦争において一つの頂点を迎える。この戦争には後世に名を残す哲学者が一兵卒として参加していた。「近代哲学の父」とも言われるルネ・デカルト(1596–1650)だ。デカルトはイエズス会が運営する名門校、ラ・フレーシュ学院の出身であり、参加した初期三十年戦争（ボヘミア・プファルツ戦争）においても、神聖ローマ帝国側のバイエルン選帝侯マクシミリアン一世(1573-1651)の軍隊に参加している。さらに、晩年のデカルトは彼を教師として招いたスウェーデンのクリスティーナ女王(1626-1689)をカトリックに帰依させることに貢献している。つまり、「近代哲学の父」で「合理主義者」と言われる彼は終生敬虔なカトリック教徒でもあったのだ。しかしながら、キリスト教の信仰を持っているという点では、グロティウスやカンバーランドも同じように敬虔な信者であった。では、どこが異なるのか。グロティウスたちは人間の理性や世界が本性として正しくあるように神に導かれていると考えていた。ところが、後から述べる通り、「合理主義者」についての一般的な理解とはちがい、デカルトは人間の理性を必ずしも信頼していなかった。このことからも問題の複雑さが分かるだろう。それは、彼が最後までカトリックとして生きたことを考えると、より興味深い。

では、哲学史の上で、近代合理主義の祖と呼ばれているデカルトが、人間の理性を必ずしも信頼していたわけではなかったというのはどういう意味か。むろん、彼も完全に人間の理性を否定していたわけではない。ただ、むしろ、人間の理性に対する楽観的な展望を持とうとしていたと言ったほうがより彼の考えには近いだろう。なぜなら、彼は神学的な主意主義の立場に立つことを明確にしてもいたからである。つまり、彼は人間理性を信頼しながらも、主知主義とは対峙したことになる。なぜだろうか。デカルトの神学的主意主義は古典的なものだ。繰り返すと、つまりは、世界にかんする永遠の真理と秩序があり、神はそれを創造し、そして、理解しているという主知主義の見解を認めるなら、現にある世界によって神が拘束されていることになってしまう、それは万能なる神を崇める態度ではあり得ないだろう、というわけだ。デカルトも世界に真理があることを否定しない。しかし、その真理も神が望むことによって真理になったのであり、その意味で現存する世界だけでなく、物事の本質や可能性さえ神の意志に従うと考えていた。

しかし、永遠の真理が実際にあって、人間がそれを理解できるのだとすると、デカルトと主知主義の違いはどこにあるのか。神は物事の真偽やそれに基づく善悪を判断する理性の力を人間に与えた。カンバーランドたちも述べている通り、人間はその力を使って神が望む世界のあり方を理解し、それに向けて行動することができる。デカルトが問題にするのは、理性の力は必然的に行使されると主知主義者が前提にしている点だ。つまり、「分かれば為す」のか、ということだ。これまでも述べてきたように、主知主義者たちも無知な人間が実際にいること、そして、彼らが不道徳な人生を送っていることを認めている。主知主義はそこから、教会をはじめとした知的エリートが世界を束ねなければならないということを主張した。しかし、デカルトは違う。彼の考えはこうだ。神は万人に理性を授けたのであって、二種類の人間がいるわけではない。無知な人々がいるように見えるのは、彼らが「分かろうとしていない」だけだ。ルターたちは人間には神の意志が分からないから、信仰に生きる正しい心持ちを重視した。それに対してデカルトは、人間が理性を行使するためにも意志の力の重要性を主張する。極端な言い方をすれば彼は無知な人間がいるということを認めないのである。

神に近づくために

デカルトのこうした主意主義はある意味で徹底したものだ。ルターたちは神の創造や世界の秩序を人間は理解できないのだから、信仰に生きることさえ神の恩寵に与る者、つまり信仰の動機を授けられた者に限られていると主張した。ただし、彼らの考えでは信仰の動機を持つ者が神に授けられた法、たとえば十戒に従うことが前提とされている。言い換えれば、少なくとも恩寵に与る者は十戒が神に授けられたということを理解しているということだ。これに対して、デカルトは、それが神によって授けられたものかどうかということさえ関係なく、どのような法も人間が理解することはできないと考えた。彼にとって、世界そのものが人間の眼前に現れる神の宿命である。だからこそ、人知を超えた神が創り出した世界のなかで、人間は自らの可能な限り実践的な指針を組み立てなければならないことになる。

デカルトは人間が善とみなすものを追求すること、悪とみなすものを避けることは必然的だと言う。これはアクィナスが主張したのと同じことだ。ただアクィナスと違うのは、デカルトが善の追求や悪の回避を人間の思考に依存していると考えている点である。そして、彼の考えでは、人間の思考には意志、理解、感情などのさまざまな方法が宿っていて、善悪を理解することが思考において、いつも優先されるわけではない。善悪の知覚は思考に生じるさまざまな感情や意志、そして無知によって妨げられている。だから、より適切に彼の主張を読み取ろうとするなら、人間が神に与えられた能力とは、単に真理を判別するということだけに限定された理性ではなく、思考することそのものの能力、すなわち精神であると言うべきだろう。デカルトにとって、道徳的であるということは精神の力を最大限に発揮することである。

「各人はつねにできるだけ有効にその精神を活用し、人生のいかなる出来事にさいしても、なにをなし、なにをなすべきではないかについて、心得ているよう努めること。」

（『デカルト著作集 3』三一九頁）

だが、デカルトがここで指摘している通り、人間が神から与えられた能力は精神としては完全だが、その行使は不完全な形しか期待できない。このようなデカルトの考えは、彼の道徳理論において「暫定的道徳」という形で現れている。人間は神のように善悪を明確に意志することはできない、だから、道徳はあくまで暫定的なものでしかあることができない、というわけだ。そして、その暫定的な道徳として最初に挙げられるのは、法や慣習である。彼は、不完全な人間の模索のプロセスとして、法や慣習を引き受けようとする。このことは、少しも人間の精神の力を否定するものではない。彼は自国の法や慣習に続く道徳の規則として、たとえ自らの思考が不完全でしかあり得ないとしても、その思考によってある行為を選択したのであれば、以後その信念、意志を一貫させなければならないと述べている。さらに、その後になってからは、自らの精神の能力を行使することで、自分自身の主人となることを要求している。つまり、やはりデカルトも、人間の能力としての精神をある程度信頼しているのだ。

だが、注意する必要があるのは、ここでデカルトが「暫定的道徳」に意志の一貫性を求めていることである。なぜなら、彼は意志を精神の動きの一つだと述べるだけでなく、道徳にかんしては意志を重視しているように見えるからだ。どうして、彼はこのような主張をしたのだろうか。ここで重要なヒントになるのは、彼の神学的主意主義である。すでに確認した通り、デカルトは永遠の真理さえ、神の意志に依存すると主張した。彼の考えでは、そのように主張することによってはじめて、神の全能、神の自由を擁護することができる。ところで、人間にも行為の選択可能性という意味での自由があることは明らかである。しかし、多くの人はこの自由の意味を誤解している。そうした誤解は、対象への無関心を自由と取り違えるために生じる。確かに、物事に執着しないということは、素朴に考えると、自由な状態だと考えられるかもしれない。だが、人間が正しい知識を持てば、人間は必然的に道徳的な振る舞いをするようになるはずだ、とデカルトが述べていたことを思い出して欲しい。彼のような考え方からすれば、人間の無関心とは単に無知であることの言い換えに過ぎない。もちろん、デカルトは、無関心な事柄について自由な選択ができるということを否定したいわけではない。彼が批判するのはむしろ、執着するに値しない対象や無関心の領域へと、人間の自由を押し込めてしまっている人たちである。だから、デカルトは次のように主張する。完全な道徳的真理を知ることができない人間が道徳的であろうとするなら、それは、ただ人間の自由を神の自由へと近づけること、すなわち自由と同義である意志すること（自由意志）の下に自らの振る舞いを従わせることによってでなければならないのだ、と。

「いったん理性が勧告した事柄は、情念や欲望の力によって脇道にそれることなく、すべてかならずやりとげようという堅固不抜の決心をいだくこと。私はこのような不動心こそ、徳と見なさなければならないと信ずるものであります」

（『デカルト著作集 3』三一九頁）

だが、彼はこうした道徳理論を全面的に展開して、世に訴えることをしなかった。その正確な理由は分からないが、広範な領域にまたがる彼の哲学がすでに論争的なものであり、神学的な論争にまで巻き込まれたくないという彼の懸念があったとされている。実際、デカルトの理論の主意主義的な側面は後の哲学者たちを政治的な意味で大いに悩ませることになった。第Ⅱ部で検討するスピノザもデカルトの影響を強く受けた思想家であったが、当時、スピノザの議論を無神論として強く非難したのは、他でもないデカルト哲学の後継者たちであった。言い換えれば、それだけデカルトの影響力は大きかったというわけだが、それは、デカルトの懸念が正しかったことを示してもいた。ここから分かることは、デカルトの道徳哲学が持っていた危険性である。その危険性とは、彼が暗に人間の道徳に神が不必要であると認めてしまったことだ。この点で、主意主義の源流に立っていたルターとデカルトは決定的に異なる。ルターにとって人間は不完全でしかあり得ないが、人間が道徳的＝神の法に従って生きる可能性は啓示によって残されていた。もちろん、デカルトにとっても、人間は道徳的であるための能力を備えている。彼は、そうした能力は神によって授けられたものであり、神は人間の道徳能力を奪うことさえ可能であると考えていた。しかしながら、デカルトが人間の自由を認めたのは疑いようのないことであり、しかも、神の命令を理解できないということも明言してしまっていた。もし、そうであるならば、人間の自由を神の自由に近づけるという動機は一体どこからもたらされるのだろうか。神学論争を避けることを望んだデカルトがこの問題に回答することはなかった。しかし、デカルトの困難は後の主意主義者たちに、道徳理論に内在する難問を突きつけることになる。それは、「合理主義者」デカルトとは反対に、世俗の争いの調停に強い関心を持っていた「経験主義者」プーフェンドルフやジョン・ロックにとっても同じであった。

全能の神は間違いを犯す自由を持っているか？（プーフェンドルフ：スウェーデン）

一六四八年ヴェストファーレン条約が締結され、三十年戦争が終結した。はじめは有利に戦局を進めていた神聖ローマ帝国だったが、当初は中立の立場を取っていたスウェーデンとフランスが直接的な軍事介入を行なうと状況は一変した。この間、主な戦場となった帝国領は荒廃し、和平条約によって帝国内の領邦が主権と外交権を認められると、帝国の権威は失墜した。ヨーロッパ全土を巻き込んだ戦争は、グロティウスが述べる意味での成文法（国内法）の限界だけでなく、長い間、教権と王権の抗争や統合を通じてヨーロッパを支配してきたローマ法的な秩序の限界を明らかにしてしまう。

自然法理論の世俗化に決定的な影響をもたらしたザミュエル・プーフェンドルフ（1632-1694）は、勢力を失っていく神聖ローマ帝国に生まれ育った。彼はハイデルベルグ大学で教鞭を取った後、故郷を離れ、三十年戦争によって勢力を拡大したスウェーデンのルンド大学に移り、その四年後主著となる『自然法と万民法』を刊行する。それは、まさに三十年戦争がもたらした成果だった。グロティウスと同じ様に、プーフェンドルフも解体が進んで行くヨーロッパ世界全体に、何らかの示唆を与え、秩序を回復する理論の必要性に迫られていた。

グロティウスやカンバーランドによる修正を経ても、主意主義者たちは主知主義的な道徳理論に満足しなかった。かつてスアレスは自然の本性を神が創造したこと、創造に反する意志を神が持つはずもないと主張していた。そして、グロティウスやカンバーランドは経験的に発見可能な秩序を探求することに力を注いでいる。しかし、彼らは事物の本性がどのようにしてもたらされたのか、もたらされた本性と神がどんな関係にあるのかという最も重要な神学問題を回避している。それではやはりアクィナスやスアレスの主張が誤ったように神が自然の秩序に拘束されていることになってしまう。神が自然の善悪を創造し、その本性さえ変えることができると考えるからこそ、神の自由と万能の権威が守られると、主意主義者たちは考えた。主知主義にとっての神は間違うことができない神である。これに対して主意主義者たちは「神は間違いを行なうことも、行った間違いを修正することもできる」と考えた。

キリスト教だけでなく、ギリシア以来の哲学者の多くも、伝統的に事物そのものに本性が宿っていると考えてきた。善の本性や、悪の本性を有するものがある。世界はそのように神によって作られた。さらに、伝統的な主知主義は神が創造において間違うはずがないと主張して、世界は

「善は善、悪は悪」で完結しているという世界観をもたらした。しかし、神が自然の本性を定めていたとしても、自然の本性を変更できないとすれば、神は、自分が作った自然の本性に拘束されていることになってしまう。本当に神が自由であるとすれば、自然の本性も変更できるはずだ。神が自由であるなら、善として作ったものも悪に、悪として作られたものを善に作り変えられなければならない。

自然法理論の世俗化に決定的な影響をもたらしたにもかかわらず、プーフェンドルフにおける神学的な主意主義は明確であり、彼は法の本質が卓越者による命令だと断言した。それまでの自然法理論は、自然法を自然の秩序そのものと考え、善は善性をそのまま体現していると考えていた。プーフェンドルフにとって法は単なる記述ではなく、命令である。この主張は、自然法と共通善や秩序を同じのものとして考えてきた、それまでの考えを一新した。自然法は変えることのできない本性を示したものではなく、命令であり、法は変更の可能性を有するものになったのである。

ところで、プーフェンドルフが生きた時代は、封建的な政治勢力への批判から社会契約説が重要な理論として登場していた。その代表的な論者とされるのがホッブズやロックである。社会契約説では、人々が求めているか、あるいは人々に必要な法がもたらされなければならない。主意主義的な立場から恐怖による統治を説いたホッブズでさえ、人間の世界における利己的な本性が争いを抑制する法を必要とするとしか述べなかった。それに対し、プーフェンドルフは人々が求めるからではなく、端的に、法があるのは命令だからだと主張したのである。市民権の拡大を求める風潮のなかで、彼の理論がどれだけ特異なものだったかが分かるだろう。

だからと言って、プーフェンドルフは道徳的な善悪の問題を退けたわけではない。神が人間に理性を与えたことは明白である。そうでなければ、人は命令を理解することさえできなくなってしまうだろう。この点で、世俗の問題に関心を抱き続けたプーフェンドルフが、徹底した主意主義者であったデカルトと決定的に異なることが分かる。プーフェンドルフの考えでは、神は人間に理性を与えることで、物理的実体とは違う道徳的実体を人間に与えた。デカルトの場合、確かに神が人間に理性をはじめとする精神の力を与えたことは認めていたが、それはあくまで先験的にしか分からない問題であった。つまり、デカルトは経験的な道徳が神の命令に拘束されるということを少しも考慮に入れていなかった。だが、プーフェンドルフは神が人間に理性を与えるのは、人間の経験的な道徳を可能にするためだと主張したのだ。その一方、プーフェンドルフは人間の理性が不完全であり、神の世界としての物理的実体の世界と、人間の世界としての道徳的実体の世界は二つに分けられるという慎重な結論を下している。人間は神の完全なる支配の下にある物理的な秩序について、善悪の性質を理解することはできないが、神が人間に許容した道徳的実体の範囲において善悪を経験的に知ることができるようになる。

「道徳的実体のうちにある能動的な力は、事物に物理的な動きや変化を直接的に生み出す能力に存するのではまったくなく、ただつぎのうちに、つまり、人の行為の自由を統制すべき方針を明らかにすることのうちにある」

（*Of the Law of Nature and Nations* I. i. 3–4, pp. 5–6）

プーフェンドルフは人間が利己的で社交的であることは経験的に明らかであるから、積極的に平和を維持しなければならない、と主張した。これは一見、グロティウスの主張に似ているように見えるかもしれない。しかし、両者には大きな違いがある。グロティウスは神や神学に対する態度を明確にできなかった。したがって、彼が積極的に主張することができたのは、人間が利己性と社交性の両方を本性として持っているということだけだった。だが、グロティウスが「人間には平和を願う本性がある」としか言えなかったのに対して、プーフェンドルフは「平和を願う本性がある」ということは「平和を願わなければならない」という神の意志、命令の現れだということを強調する。彼以前の自然法理論は主知主義者が中心となって作り上げられていた。そのため、何らかの方法で神の世界と人間の世界を関連づけようとした。それに対して、プーフェンドルフは神の世界と人間の世界をあっさり分けてしまう。主意主義者である彼にとって、神の世界が分からないのは当然だからだ。彼は「人間には神の世界が分からない」という主意主義がもともと持っていた考え方を「人間の世界についてであれば人間は理解でき、そして、それを神は望んでいる」と読み換えたのである。神の創造と人間の理性の働きを単純な因果関係として理解せずに、人間は自ら道徳的実体を創造できると述べた点において、プーフェンドルフの道徳理論は主知主義、主意主義いずれの伝統から考えても、革新的だった。

後にヴィーコ(1668–1744)は作られたものと真なるものは置き換えられる、人間の世界の真は人間が作ったものでしかない、それ以上のものは神の世界のものだから知る由もないと述べ、マルクスにも影響を与えたと言われる。プーフェンドルフが切り開いた道は、まさにわれわれ人間の世界へと繋がっている。

誤解を招かぬようあらかじめ断っておけば、主知主義に対する主意主義の批判が万能なる神の自由を擁護することからはじまっていたのと同じ様に、プーフェンドルフは信仰心から神の世界を「敬して遠ざけた」。しかし、彼の道徳理論は二つの問題に突き当たる。一つは、人間が道徳的実体を創造できるなら、神の権威はどのように正当化できるのか。もう一つは、神の権威の正当性が不透明になっても、人間は道徳的実体に対して動機づけられることができるのか。言い換えれば、神を、あえて「敬して遠ざけた」はずであったのに、「遠ざけた神を、どうして敬することができるのか」という新しい問題を引き寄せてしまったというわけである。

この問題について、プーフェンドルフはホッブズに倣って、卓越者とその処罰への畏怖が道徳への動機づけになることができると述べていた。しかし、彼自身が、自然と道徳との因果関係を否定したのであるから、こうした弁明が十分でないことは明らかであった。なぜ目には見えない恐怖が経験的な、しかも多くの人々を巻き込む道徳を作り出す根拠になるのか。神に代わる卓越者の権威を論じること、あるいはたとえ権威を持ち出さないにしても、神に由来しない道徳的動機を論じることができない限り、人間の道徳は不可能である。こうして、主知主義と主意主義の論争はプーフェンドルフに至って、決定的な一歩を踏み出したのである。

名誉ある革命？（ロック：イングランド）

イングランドでは王政復古の後、二代目の国王としてジェームズ二世(1633-1701)が即位した。ピューリタン革命の間フランスに亡命していた際にカトリックに改宗していた彼は、即位するとカトリック教徒を重用し、プロテスタントの官吏を辞めさせた。このような宗教的不寛容は先代のチャールズ二世(1630-1685)よりもはるかに厳しいものであった。人間が本来平等であることを訴えた哲学者のジョン・ロック(1632-1704)もこの影響を受けた人物の一人である。彼は、チャールズ二世を支えた初代シャーフツベリ伯(1621-1683)に仕えていた。しかし、反カトリックを掲げて下野した伯爵と同じように、ロックはプロテスタント排除の方針を強める政体に危機を感じてネーデルラントに亡命している。

ジェームズ二世が即位したイングランド本国では、カトリックを推す王室とプロテスタントを中心とする議会が対立を強めた。一六八八年、イングランドのプロテスタント貴族たちはオラニエ公ウィレム三世(1650–1702)に軍事行動を要請する。彼はイギリス王族でプロテスタントだったメアリー(1662–1694)の夫でもあった。カトリック国のフランスと抗争していたウィレムは、反カトリック国・イングランドとの協力を重視して軍を派遣すると、ジェームズ二世は亡命し、いわゆる名誉革命が成立する。翌一六八九年ロックはイングランドに帰国した。

ロックが擁護しようとしたのは名誉革命によって切り開かれた市民社会の可能性であった。かつての王権神授説は王を唯一の主権者とした。しかし、ロックは、王の権力の下でのみ社会秩序が可能だとは考えなかった。市民が市民としての権利を手にすれば、それだけで社交的な世界を作り出せるというロックの主張は、市民社会の展開と一致していた。彼の議論はピューリタン革命の下で社会秩序の維持に対する危機感から絶対権力（リヴァイアサン）を擁護したホッブズとも、市民社会と自由主義経済の調和（神の見えざる手）を肯定できたアダム・スミス（補論2にて詳述）とも異なり、自律的な市民社会が社会秩序を可能にすると確信していた点で新しかった。ただ、それが、あくまで国家との関係において論じられるという意味では過渡期の議論だったと考えられなくもない。

ロックはプーフェンドルフと同じように、人間が経験的に道徳的実体を作り出すことができると考えた（市民社会の構築）。道徳的実体は神によって人間に与えられた理性が使命を果たしている証である。人が道徳的実体を作ることが可能であると示すためには、彼自身が、道徳的な真理を示す必要があった。そして、彼は、そのことによって、神の権威の正当性と人が道徳的実体へと動機づけられることを証明できると考えた。道徳的な真理を人間が発見することができるのであれば、人々は、理性とそれを与えた神の権威を認めなければならないだろう。

ただし、ロックは人間の理性を尊重する一方で、自らの道徳理論においては主意主義の立場を取っていた。ロックによれば、道徳的な真理は人々が正しく振る舞うための指針でなくてはならない。そのためにも誰もが理解できる自明な原理から導かれる必要がある。しかし、人々は自明な原理をいつでも自分で発見できるわけではない。だからこそ、キリストの復活という啓示によって、人は導かれる必要があるのだと、彼は言う。逆に言えば、ロックからすると、人間の理性を信用する主知主義者たちは道徳的な真理を自らの力で発見することが可能だと主張して、キリストを不必要なものにしてしまっている。

「自然宗教に於いて今までになされてきた僅かばかりのことによって、真の基礎の上に明晰で確信を与えるような光をもって、その全領域に亘って道徳を確立することは、他の助けを借りていない理性〔自然理性〕には、困難過ぐる任務であるように思える。明らかに神から遣わされ、神からの目に見える権威を帯びているある人が、王並びに立法者として、彼等にその義務を教え、彼等の服従を求めることは、そのことを彼等のために作り出されるべき、理性の、長い、時としてこみ入った推論〔自然の啓示〕に委ねておくよりは、並みの人々と人類の大部の者が理解するのには、少なくとも、より確実で、手っ取り早い方法である。」

（『キリスト教の合理性』一九二頁）

彼は、啓示を通じて明らかになった法を論証できるくらいの明晰さであれば、私たちの理性に期待できるだろうと考えていた。つまり、ロックの人間理性に対する信用は限定的なものであり、その信用は啓示という経験的な神の権威に裏付けられるものであった。そして、啓示を通じた道徳の可能性を経験によって擁護しようとしたロックは、様々な立場の違いにもかかわらず、グロティウス以後の問題設定を引き継いでいたと言える。特に、異教徒との平和やキリスト教それ自体が弁護可能であるという主張は、政治的な文脈を越えて重要なものであった。

しかし、経験的主意主義者であるロックは啓示の役割を積極的に認めながら、啓示からどのように自明な道徳原理が見出されるのかについて述べることはなかった。その結果、神の権威や道徳への動機づけについての理論を、それ以上引き出すことは難しくなってしまったのである。そこには、彼が明白な道徳原理を導き出さなかっただけでなく、あるいは、導き出すことができなかったのではないかという疑問が残る。この疑問は、ロックと自然法理論との関係を考えるとより大きくなるだろう。人間が道徳的実体を作り出すことができると最初に明言したうちの一人がプーフェンドルフであった。彼も、道徳的実体と区別された自然について何も論じなかったわけではない。それどころか、プーフェンドルフは人間の理性が自然の世界の総体を把握できないにしても、特定の領域や物体について、その本性を理解することはできるだろうと述べている。それは、彼にとって、人間が作り出す道徳的実体に神の意志が必要であるということを主張するためにも必要なことだった。そのために、人間が自分の理性を用いて適切に作り出した道徳的実体が、神が支配する自然的秩序と整合的な形で結びつくということをプーフェンドルフは主張したのである。言い換えれば、人間の道徳的善悪はあくまで人間の価値判断でしかないが、人間の理性を適切に行使して導かれた価値判断とそれによって生じた善悪は、自然な秩序における善悪と一致するということである。プーフェンドルフは道徳に神の意志が必要な理由を神に対する畏怖と、畏怖による道徳への服従の動機に求めた。そこに道徳と自然を切り離したことによって生じた難問があったことはすでに述べた通りである。だが、見方を変えれば、彼は神への畏怖とは別に道徳と自然とのつながりを、それでも、なお模索していたと考えられる。これは、プーフェンドルフの思想がグロティウスをはじめとする自然法理論から多くの影響を受けたことからも推測できる。

ロックも初期の著作では、自然法について論じたことがあった。しかし、彼は自らの道徳理論の基礎を快楽と苦痛の経験の蓄積に求めるようになり、生得的な道徳原理はあり得ないという主張を強めていった。つまり、彼はプーフェンドルフとは違い、道徳的実体と自然との結合を否定するようになっていったのである。このことがロックにもたらした道徳理論と神学上の危機はプーフェンドルフと同様のものであった。それどころか、ロックの場合はプーフェンドルフ以前の道徳哲学者にとって重要な思考の枠組みであった自然法思想を自らの思想的な展開のなかで廃棄してしまっていたのだから、事態はいっそう深刻であったと言えるだろう。

ロックは自分の道徳理論が経験主義的であることに自覚的だった。しかし、経験主義の立場はロックの宗教的な道徳理論に新たな問題をもたらした。ロックの道徳理論は神と人間との関係に限られていて、人間以外のモノが理性を持つ可能性を否定できなかった。経験主義の立場からは、人間の経験の外に（理性を含む）何があり得るかということについて何も語ることはできないからだ。しかし、もし人間以外の物質が理性を持つ可能性を認めてしまうと、私たちの魂の不滅性に対する確信も失われる。なぜなら、魂の不滅性は私たちの死によって肉体が消滅すると考えるから意味があるのに、肉体が失われても物質に魂が宿る可能性が否定できないならば、来世に期待する必要がなくなってしまう。そうだとすれば、人々は神の権威に対して何を望む必要があるだろうか。プーフェンドルフは神への畏怖を道徳への動機づけに結び付けようとしたが、経験主義的主意主義は神への畏怖さえ確信を持って擁護できなくなってしまったのである。主意主義の困難は、ロックによって決定的に明らかにされたと言えるだろう。

第Ⅰ部まとめ〝予期せぬ帰結〟

民主主義をどのように擁護するのか。現代の日本に生きる私たちにとって、その議論の源流である道徳理論を読み解くことが本書の目的の一つである。では、スアレスからロックに至る道徳理論の展開はどのように理解できるのだろうか。序章でも述べた通り、十八世紀以降の民主政論の再興は、中世ヨーロッパにおける宗教を核とした世界の崩壊が人々の理性的な判断と感情との調和を衰退させていったからだと考えられる。世俗権力の台頭や、宗教をめぐる争いの勃発を前にした道徳哲学が取り組んだのは、混乱に陥った人間世界に対してあらためて秩序を確立することが、どうしたら可能かという問題であったと言える。そのやり方は第Ⅱ部で扱う論者も含めて多様なものであったが、ロックまでの道徳哲学においては、やはり神の権威をどう擁護するのかが主題だった。

だが、人間世界の混乱を目の当たりにして、神による秩序を再建しようとする試みは思いもしない結果をもたらした。スアレス、グロティウス、カンバーランドをはじめとする主知主義者は、神が世俗の世界に善をもたらそうとしており、神のもたらす善い秩序を指し示すものとして自然法があると考えた。人間が悪を為してしまう愚かな存在であることは否定できない。けれども、理性を与えられた人間は、神が創造した世界の秩序やその法を理解することはできる。そして、ことの是非が分かるのであれば、理性を与えられた人間が、自ら、そのように振る舞おうとすることは、極めて当然である。善いものは善い、悪いものは悪い。分かれば為す。

しかし、主意主義が批判した通り、そもそも人間が神と同様に共通善について理解できるという主張は神の権威を擁護できているのだろうか。不完全な人間に対して、万能な神を擁護しようとしていたはずなのに、結局のところ、人間を不完全だと思っていないのではないか。その意味で、主意主義は、宗教的なエリートによる欺瞞を的確に批判したと言えるだろう。

一方、主意主義の主張にも重要な問題があった。主知主義の不徹底、つまり、人間の理性が神に及ばないことを明らかにする点では、プーフェンドルフやロックは一貫していた。しかし、単に信仰を問題にするだけで良かったルターやカルヴァンと異なり、彼らは混乱のなかで不完全な人間に対する指針を打ち立てる必要があった。だからこそ、主意主義者たちは、法や道徳には、理性において不完全な人間に命令や指示し、人間の感情に訴えかける役割があると主張する。しかし、それは、ルターやカルヴァンが道徳への動機をあくまで恩寵、すなわち先験的な問題として扱ったにもかかわらず、道徳的動機の経験的な役割を期待するという矛盾を抱え込むことになった。主意主義者たちには知的な源泉を否定した状態で、神の権威と世俗世界の秩序を関連づけることができない。そのため、彼らは自分の意図に反して、人間の道徳世界に神が不要である可能性を自ら切り開いてしまったのである。

補論1——不完全な世界で

悪魔の存在

第Ⅰ部では、世俗世界と宗教との緊張関係のなかで、道徳哲学者たちが様々な形で神が道徳に必要であると主張してきたこと、そして、それにもかかわらず、神を擁護するはずの議論が道徳に神が不要であることを明らかにしてしまうプロセスを論じてきた。先に述べておくと、第Ⅱ部で取り上げる哲学者たちもその例外ではない。彼らも、人間の道徳の可能性を論じることと信仰を両立させようと願いながら、むしろその困難に直面してしまうことになる。

彼らの困難については後から論じることにして、ここでは神を擁護するという課題そのものについて考えてみたい。そもそも、なぜ神は擁護されなければならなかったのか。宗教と世俗権力の対立という政治的な背景があったとは言え、それだけのために、道徳哲学者は多大なる労力を割いてきたのだろうか。あるいは、また、彼らの著作を読んでいた人々についても、「無神論」というレッテルを貼ることが、なぜ、これほどにも重要な課題とされたのだろうか。

ルターとプーフェンドルフが抱えていたそれぞれの課題に目を向けると、この問題設定そのものが思想史における大きな変化のなかで成立していることが分かる。なぜなら、ルターにとって神とは信仰の対象ではあっても擁護すべきものではなかったからだ。それほどに、彼にとって神が万能であるのは自明であり、疑うことのできない事実だった。だから、彼が問題にしたのは、神の力能を人間が理解できるというカトリック教会の思い上がりを、神に対する冒涜として非難することだった。それに対して、プーフェンドルフは卓越者の命令に不完全な人間を従わせること、つまり、道徳によって人間世界に秩序を取り戻すことを自らの使命と考えていた。二人とも、「なぜその法があるのか／正しいと考えられるのか」を不完全な人間が説明することは不可能であると考えた点で、主意主義の立場を採った。それは第Ⅰ部で、論じた通りである。その上で、ルターがより信仰に、プーフェンドルフがより世俗世界に関心があったことは明らかだ。ただ、第Ⅰ部では世俗世界の混乱が主題化していく過程について述べてきたが、そのなかで「神が万能である」ということの意味が変化していることに気を付ける必要がある。

繰り返し確認しておくと、ルターにとって神が万能であることは、論じて擁護する必要さえない、当然の事実だった。それは、たとえ世界に道徳的には「悪」だと思えるようなことがはびこっていたとしても揺るがない確信である。この確信はキリスト教会やその思想の歴史をたどってみても明らかだ。先にも述べた通り、初期のキリスト教は迫害された者たちの集団であった。だからこそ世俗の世界がどんなに穢れていたとしても、信じる者は救済されるという希望とともに神を崇めていたのである。神は悪魔・ルシファーがいる世界を創造した。しかし、それは、少しも神の権威を脅かしたりはしない。なぜなら、神はルシファーを抹消することも可能だから。このように、ルター以前の多くの論者にとって、神は世界に「悪」があったとしても万能であり、したがって、神の万能は擁護すべき課題として考えられなかった。これは主知主義であるか、主意主義であるかに関係がない。

しかし、プーフェンドルフの場合はそうはいかない。彼にとっては「悪」は解決するべき問題だった。たとえ、神が世界に悪があるように創造したのだとしても、キリスト者であれば悪を滅ぼすことに努めなければならない。そして、神は、そうした道徳的な実体（世界）を作り出す能力を人間は与えられたと、プーフェンドルフは主張した。つまり、かつてのキリスト者が「悪が存在する世界」と「万能なる神」への信仰との関係に何の疑問も抱かなかったのに対して、道徳哲学者を含めた近世以降の信者たちは、「万能なる神がなぜ悪があるように世界を創造したのか」ということを疑問に感じるようになっていたということだ。これを、世俗世界の荒廃の影響として読み解くことは簡単である。だが、初期キリスト者が「魂の不滅」を信じ、信仰に対する逆境のなかで生きたことを思えば、単純に外的な要因によってだけは説明できない。キリスト教にもそれに固有の内在的な理由があり、それは、信仰の動揺と呼ぶしかないような深刻な事態であったと考えられる。

第Ⅱ部で紹介する哲学者たちは、神に遠く及ばない存在であることが強調されるようになった人間が、それでも、道徳的に世界を作り上げる可能性に賭けようとした。これに対して、世界が道徳的ではなかったとしても信仰生活には問題ないという態度を固持する者たちもいた。だからと言って、彼らが単純に伝統を守りさえすればよいと考えていたわけではない。彼らもまた、真摯に時代に向きあおうとしていた。ここではピエール・ニコル(1625-1695)を例に、彼らがどのようにして神を擁護したのかを見ていこう。

人間はなぜ勤勉であり得るのか(ピエール・ニコル：フランス)

ルターやカルヴァンたちが人間の救済には神の恩寵が必要だと主張していたことは、これまでも繰り返し述べた通りである。この主張は彼らに限ったものではなく、キリスト教思想史的に見ても少しも特殊なものではない。アクィナスから遡って、四世紀にはすでに、聖アウグスティヌスが信仰生活にとってどんなに人間の意志が薄弱かということを強調している。したがって、ルターやカルヴァンたちの主張の一部は、カトリックにとっても受け入れやすいものであった。実際、プロテスタントの運動を受けて、カトリック内部にも同様の主張を表明するものたちが現れる。『アウグスティヌス』という著作を書いたコルネリウス・ヤンセン(1585-1638)の思想から生まれたジャンセニスムは、カトリック内部において当時の対抗宗教改革を先導していたイエズス会とは異なった教会のあり方を模索しようとしていた。その代表は『パンセ』の著者ブレーズ・パスカル（1623-1662）である。

「あらゆる物体の総和も、あらゆる精神の総和も、またそれらのすべての業績も、愛の最も小さい動作にもおよばない。これは無限に高い秩序に属するものである。」（『パンセⅡ』一八七頁）

「無限に高い秩序」つまり、神だけが知る創造の秩序に対して、人間の営みはあまりにも儚い。それと同じ様に、人間が理解し、避けようとする、道徳的悪など些細な問題に過ぎない。こうした主張は世俗世界の問題に取り組もうとするローマ・カトリックにとっては、むしろ制約になった。そのせいもあってか、ジャンセニスムはのちに異端とされてしまうことになる。

それにしても、ルターやパスカルが言うように、人間の意志が薄弱なのだとすれば、信仰生活はどうして可能なのだろうか。ルターは信仰生活に神が必要不可欠だと主張するために、カトリックの傲慢を批判し、神の恩寵を強調する。しかし、もし、そうであれば、なぜ神は恩寵によって人間の、あるいは選ばれた人々の意志が強くあるように創造しなかったのか。その反対に、ルターをはじめとする一部の人間は、神の意志が道徳に不可欠であるという事実を前にしながら、なぜ絶望しないで信仰生活に勤しむことができるのだろうか。おそらく、このように問われたとしても、ルターたちは人間に知ることのできない仕組みが恩寵としてあるということを強調するだけだろう。そうだとすると、なおさら、どうして彼らが人知の及ばない恩寵について人々に説くのかということが問題になる。なぜなら、ルターたちはカトリックのことを傲慢だと言っておきながら、実は彼らも自分たちのことを恩寵について理解することのできる人間、つまり、人知を超えた神に近い存在だと思っているのではないか、という批判から逃れられないからだ。

おそらく、こうした疑問を持つ者は、道徳的に潔癖なのだろう。デカルトにせよ、プーフェンドルフにせよ、堕落＝悪の可能性を少しでも減らしたいと願う人々にとっては、ルターたちが論理的に不徹底に思えたのに違いない。すでに述べたように、かつてのキリスト者にとって、万能である神が悪をも含む、こうした世界を創造したことは、少しも信仰の妨げとはならなかった。こうした信仰の態度を維持しながら、道徳的な潔癖者たちへの反論を展開したのが、ピエール・ニコルである。

ニコルはパスカルの研究助手をしていたこともあり、彼自身も熱心なジャンセニストであった。ということは、彼も神の愛が不可知であること、人間の救済が恩寵としてしかあり得ないことを認めていたということである。その一方で、デカルトとは異なり、ニコルは啓示が有効であると も述べていた。神の愛が不可知であることと、啓示を理解可能であること、この二つの主張を両立させるため、彼は神が自らの姿を人間に隠しているのだと主張する。彼によれば、もし、神が恩寵を授ける人間に救済の可能性を明らかに示してしまったなら、その人間は、そのことに安心してしまい自らの信仰生活に励むことをやめてしまうだろう。反対に、恩寵を授ける者にもそうでない者にも、神が自らの権能をまったく示すことがなければ、人々は救済の可能性を見出すことができないので、悪に満ちた世界で絶望に陥ってしまうだろう。だから、啓示とは、自らの姿を人間に対して隠した神が、信仰にふさわしくなり怠惰と絶望という二つの態度に人間が陥らないように下した希望なのだ、というわけだ。つまり、ある意味では不透明な命令こそが、人間を勤勉な信仰生活へと仕向けているということになる。

道徳の不透明性は、人間にとっても幸いである。今日においても、私たちは時にある見方からすれば不純と思える動機から道徳的な行為に及んでいる。しかし、それが不純な動機によるのか、それとも心正しい動機からなのか、自らの行為についてさえ明確に分かる人はそれほど多くはないだろう。ニコルはそれで良いと考えた。彼の考えからすれば、人間が、自らの心正しさと卑しさを判別することができてしまうのであれば、恩寵を授けられているのかどうかを神が人間に明らかにしているということになるからだ。それは、人間に道徳的であれと命じる神にとって不都合である。したがって、神は人間をそのようには創造しなかったはずだ。だから、私たちは自らの利己心を道徳のために否定する必要はまったくない。このように考えるならば、むしろ、真正な動機などというものが神によって人間に与えられるとは思えない。だから、利己心は私たちの指針にとって有益である。

「慈善がわれわれをどこへ導くのかを確かめる手段として啓蒙された自愛心がとる方針を見つける以上にすぐれた手段は事実上ない」

（"Œuvres", p.179）

「誰もが利己心を持っている」ということを知ること＝啓蒙によって、利己心に従う私たちは善くあることができる。こうした発想は、のちに論ずるホッブズとも共通する。そして、ニコルは最も善くあり得るという可能性が、人間を道徳的にすると、喜んだのである。だから、プーフェンドルフたちがうまく応えることができなかった「万能なる神はなぜ世界に悪があるよう創造したのか」という問いに対して、おそらく、ニコルだったら次のように答えるだろう。「神は悪があるように創造し、しかも啓示を下すことによって、人間が道徳的であろうとする動機を引き出している」と。

ニコルの独創性と彼の議論の意義はグロティウスやカンバーランドと比べると、より明らかになるだろう。グロティウスは、人間が利己的で、しかも利他的であるために、両者をつなぐ、よりよい世俗の秩序を求めなくてはならなくなると主張した。しかし、彼は世俗の秩序が最高善をもたらすことは否定した。そのため、神学上の危うさを残してしまった。カンバーランドの場合は、利己性に対して利他性が優位することを主張した。それだけでなく、彼は、そう主張することで再び人間の本性として最高善と神への敬愛をおくことに成功した。彼らに対して、ニコルは最高善が最高善としてはっきり示されないこと、そして、そのように最高善が隠されていることこそが神が人間に道徳的であるよう求めていることの現れだと主張した。グロティウスとカンバーランドは利己性と利他性の間で信仰の問題をどう解決するのかに悩んだのに対し、ニコルは、むしろ利己性と利他性の間で悩むことそれ自体が信仰に生きることの条件、人間の本性として神に与えられたものだと考えたわけだ。

特に第Ⅱ部で取り上げる論者に見られる傾向として、あきらかに、道徳哲学者の多くは人間が道徳的であるために、道徳への動機がはっきりとした輪郭を伴うことを期待する傾向がある。聖トマスはいかにも素朴に、道徳的に生きるためには「善を求め、悪を避ける」ことが必要だと考えた。カンバーランドは仁愛が人間に最大の幸福をもたらすということを通じて、道徳的な生活を要求する。ロックは経験が道徳的な指針を打ち立てるのに十分だと主張した。理性を重んじるにしても、感情を重んじるにしても、人間が道徳的に生きることができると強く主張するためには、それだけの希望を人々に示す必要があったのだ。だが、ニコルは過度な希望と過度な絶望のどちらにも害悪を見出していた。もしかすると、彼は、理性と感情が必ずしも両立しないことを分かっていながら、それが調和するような政治を求め続ける現代の人々を前にしても、同じ様な主張を繰り返すのかもしれない。

主知主義と主意主義との立場に関わりなく、第Ⅰ部に登場した論者たちは「神はなぜ悪があるように世界を創造したのか」を問うた。たしかに、かつてのキリスト者は何らその問題に苦しまなかったが、この問題を突きつけられても、神が万能であること、そして人間が道徳的に生きなければならないという結論を、ニコルは引き出している。そうであるなら、神がたとえ道徳に不必要に思われたとしても（ニコルにとっては神が自らを隠しているのだから当然だ）、人間はますます道徳的な秩序を作り出すことに力を注ぐべきである。プーフェンドルフやロックが立ち止まった地点から、私たちは再び歩を進めねばならない。人間はいかにして道徳的な世界を作り出すことができるのだろうか。

第Ⅱ部　人間の完全性

第四章　完全論

遍在する神（スピノザ：ネーデルラント）

近代哲学の礎を築いたとされるデカルトは、フランスや神聖ローマ帝国での生活を経て、ネーデルラントの地で『方法序説』や『省察』を著した。当時、ネーデルラント国内ではアルミニウス主義をめぐる神学的論争を経て、カルヴァン主義の勢力が強くなっていた（第二章）。デカルトは自分の合理主義的な認識論が神学論争に巻き込まれないよう執筆や出版にも細心の注意を払っていたが、彼の哲学の反響は大きく、信仰に敬虔と服従を要求するカルヴァン主義者と人間の理性を信頼するデカルト哲学に影響を受けた人々の対立は避けられなかった。デカルトの望みに反して、彼以後の合理論者はあらためて神学問題に取り組まなくてはならなくなった。

さらに国際的な政治状況が問題を複雑にしていく。一六七二年にはフランスがネーデルラントへ侵攻を開始する（オランダ侵略戦争）。フランスの占領地域の拡大とともにネーデルラント共和政は動揺し、共和政の指導者であったヨハン・デ・ウィット（1625-1672）は民衆によって虐殺され、ウィレム三世による総督継承が行なわれた。そして、この継承を後押ししたのはプロテスタントを中心とする民衆であった。そのため、合理主義を掲げようとする者は、望もうが望むまいが、政治的対立が激化したなかで宗教的な立場を問われるようになっていたのだ。この問題に真正面から取り組んだのがバールーフ・デ・スピノザ（1632-1677）である。彼はデカルトの哲学に多くを学んだ。スピノザはウィットの虐殺に激怒したが、それは彼の思想からしても正当なことだった。彼は神学が強い影響力を持つなかで、神学的問題を回避することなくデカルト的合理性を擁護しようとした。スピノザは、道徳哲学史における極めて重要な転換をなした人物である。第Ⅰ部で見てきた通り、主知主義であれ、主意主義であれ、デカルト以前の道徳哲学は万能の神に支配された人間の不完全さを克服しようとしてきた。それに対して、スピノザは、万能の神を擁護するという課題を引き受けながらも、その一方では、人間の道徳能力の完全性を信頼して良いと訴えたのである。

スピノザはユダヤ人の家に生まれ、自身もラビ（宗教者）としての訓練を受けながら、成長するにつれ、ユダヤ教をはじめとする宗教全般に対して批判的な考えを抱くようになっていった。そのため、彼の『神学政治論』は一六七四年には禁書となり、現在では彼の主著とも呼ばれる『エティカ』もスピノザの生前には刊行することさえできなかった。

スピノザは合理主義者でありながら、人間以外の事物が理性を持つ可能性を認めた。すでに述べたように、ロックは人間以外の事物、あるいは死後の肉体が理性を持つ可能性を認め、そのために信仰と道徳の鍵となる魂の不滅に対する確信を失ってしまった。ところが、スピノザは同じように物質が理性を持つ可能性を認めながら、ロックと違って魂の不滅を疑わなかった。それは、スピノザが物質に理性を認める理由がロックとは異なっていたからである。ロックは経験主義の立場から、人間は人間の道徳的な経験しか理解できないので、物質が道徳的な判断をするかどうかは分からないと述べた。しかし、スピノザは人間の身体を含めたあらゆる物質に、神とその精神が宿ると考えた。つまり、ロックは物質が理性を持つ可能性を消極的に認めただけだが、スピノザはその可能性を積極的に主張したのだ。それだけでなく、彼は事物が理性を持つのは神性によって可能なのだから、その断片である人間の魂も当然不滅であると確信していた。かつてプーフェンドルフは、神が創造した世界を道徳と自然という二つの実体に分割することで人間による道徳の領域を切り開いたが、スピノザはプーフェンドルフ的な二つの実体を思考（精神）と延長（物質）の領域として捉え直し、再び神と世界とのつながりを強調する（二世界論）。主意主義者たちは「道徳的実体は人間の世界の真理であって神とはかかわりない」と述べたが、スピノザは、彼らの主張をもう一度主知主義の立場から組み立て直したのである。主意主義者たちは人間と神の世界を区別し、人間が知ることができるのは人間の世界のことだけだとした。彼らは、人間の不完全さを論じることで神の完全さを証明しようとしたのだ。主意主義者たちにとって、人間は人間の世界を知り得るということの意味は人間の不完全さを示すことであった。

それに対して、スピノザは精神と物質、それぞれの領域においてただ一つの実体しか認めない。その実体とは自然あるいは神である。汎神論と呼ばれる彼の世界において、私たちが様々な実体として理解しているものは、相対的に区別され、境界づけられているに過ぎない。スピノザは人間の世界を全体として統括するのはやはり神であると考えた。

ただし、境界づけられたものとしての私たちは、そのような境界を維持しようとする傾向＝コナトゥスを持つ。それは思考においては意志、延長においては欲求と理解される。そして、私たちはコナトゥスによって自己保存を図り、その自己保存によって世界＝神の無限性と完全性を保存することを助ける。ところが、私たちは欲求や意志が生じる原因そのものを理解することができない。だから、私たちはいつも簡単に自己保存できるわけではない。そのような困難を乗り越えて、自己保存を可能にするのは英知だとスピノザは主張した。自然の必然性を理解することは自己の保存に見通しを与える。英知によってもたらされた真理は人間の道徳的な指針である。その真理、法は「原因が認知されると直ちにそれは掟であることを止め、わたしたちはその同じものを掟ではなく永遠の真理として尊重するようになる。つまり服従は直ちに愛に転じるのだ。この愛は、ちょうど太陽から光が生じるのと同じくらい必然的に、真の認識から生じるのである」

（『神学・政治論（下）』三三九頁）。

「徳に従って活動するということは、理性に導かれて行為することである」（『エティカ』三四四頁）と考えるスピノザは、主知主義的な伝統に属していた。道徳が単なる命令ではないとする点で、プーフェンドルフら主意主義者とは明確に立場を異にする。ただし、彼の理性に対する理解は、主知主義と主意主義の対立とは別の新しい局面を道徳哲学にもたらした。

アクィナス以来、主知主義者は神が授けた法を理解することを何よりも重視してきた。彼らは、人間の理性に対する主意主義者の懐疑を受けても、道徳的知識の完全なる理解は私たちの道徳にとって肝要なものだと主張してきた。主知主義者は人間が道徳的知識を理解する可能性を手放さなかった。また、神への畏怖を道徳への動機として維持することが難しくなったロックのような主意主義者たちも、人間理性が道徳に果たす役割を認めざるを得なかった。ところが、スピノザは人間の理性や道徳的知識が不十分なものにしかなり得ないと強調する。

これまでの道徳哲学は神や神の作った完全な法に不完全な人間が従うことを主張してきた。逆に言えば、人間の不完全さを主張することによって神の完全性を証明しようとしてきたのである。ところが、これに対して、スピノザは人間が道徳的であるということの意味を、不完全な人間が完全な神に接近することだとは理解しない。彼の言う英知は人間が自己を保存するために明晰な知識をもたらすだけである。しかし、スピノザは人間が賢者として自己をよく保存することによって、世界＝神の完全性に寄与することができる、と考えた。結局、人間世界の秩序を構成したのは神なのだから、人間世界の道徳的実体を知ることは神が望んだ世界を作り出すことと同義である。したがって人間が神に比して不完全であるのは当然だとしても、人間は人間として道徳的に完全な能力を有しているということができ、それは万能なる神がこの世界に君臨するということの証明になっていると、彼は主張するのである。主意主義者とスピノザでは、人間の世界を人間が知ることができるということの意味が反転している。主意主義たちは人間の世界「しか」分からないと考えていたのに対し、スピノザは人間の世界のことが分かるのは、神の意志が自らの生に即して分かるからだと考えた。それは神の秩序を理解できないという意味で不完全な存在である人間が、それでもなお道徳的には完全であり得るということを論証した点において、道徳哲学史上、画期的な意味を持っていた。

この革新が持つ意味は、スピノザの道徳理論に対する反応に明らかである。これまで見てきた通り、スピノザは神の存在を否定したわけではなかった。しかし、神の完全性とは独立した人間の完全性を認めた彼の主張は、反宗教的な無神論として非難されたのである。

フランスの栄光（マールブランシュ：フランス）

三十年戦争が近代的な国家や世俗世界の確立に大きな影響を与えたことは、そこから自然法を論じようとしたグロティウスやプーフェンドルフたちの神学的な思考の困難を見ても明らかである。三十年戦争がキリスト教内部の宗派の違いからはじまっていること、なかでも、フランスのようにカトリック信者の王を持ちながら神聖ローマ帝国をはじめとするカトリック国と戦争を繰り広げた国はこの戦争の象徴的な存在だと言えるだろう。だからこそ、フランスに生まれ育ったデカルトはただでさえ論争的な自らの哲学が神学論争に巻き込まれることを嫌っていたのだ。実際、デカルトから多くを学んだスピノザは神を擁護しようとしていたのに、反宗教的・無神論者のレッテルを貼られてしまうことになった。

だが、宗教的権威に対する世俗権力の台頭というアクィナス以来の歴史を思えば、フランスがカトリックに敵対したわけではないことが分かる。それはデカルトをはじめとするフランスのキリスト者にとっても同じだった。三十年戦争がはじまる直前の一六一一年、フランス・オラトリオ会が設立される。これは、イエズス会同様、カトリック教会や聖職者の腐敗を嘆く修道士たちによるグループであった。彼らの特徴は修道院に居住するのではなく在家のまま聖職者として活動しながら人々を導くというところにあった。この活動は、当時の教皇パウロ五世(1552-1621)とフランス国王ルイ十三世に公認されることになる。カトリックの権威の恩恵にあずかりながらも、教会の権威との葛藤を抱えてきた既存の帝国とは違い、ある意味で、フランスはコミュニティにまでカトリックの権威を根付かせる一方で、世俗的な権力も飛躍的な拡大を遂げていた。デカルトの哲学がスピノザとは違う形で受け継がれることが望まれたのは、そうした時代背景もあったと考えられる。

神にふさわしいやり方で

デカルト哲学はカトリックにとって、利点と難点のある取り扱いの難しいものであった。第一に、利点としては、デカルトが明確に人間の精神と理性の能力を高らかに宣言したことが挙げられる。彼の理論は、神を道徳的に理解可能で愛すべき存在として擁護するという伝統的な主知主義を守るための道具として使うことができた。ところが、第二に、難点としては、デカルト自身も半ば認めていたように、人間の理性の能力を強く打ち出すことは、神が道徳に不要である可能性をも開くことを意味する。スピノザは神が遍在する、神が唯一の実体であると述べた結果、人間の道徳的行為の可能性を否定したかのように受け取られてしまった。そのため、人間が道徳的に振る舞えるのは明らかなのだから、スピノザは、本当は神を不要だと述べているのではないかという非難を招いた。だが、こうした、世界を道徳的領域と自然に分けられるという種類の見方はデカルトやスピノザだけでなく、カンバーランド、プーフェンドルフ、ロックといった立場の異なる論者たちにもある程度共有されていた。それほどに、人間の道徳能力と全能な神との関係は当時の道徳哲学者にとって難問だったと言える。

ニコラ・ド・マールブランシュ（1638-1715）は、この難問に対して、極めてシンプルに回答した。この世界を創造したのは神である。ある物体が次の瞬間には変化するとしても、経験的にはその前後の状態に何ら必然的な関係は見出すことはできない。それは人間についても同じである。人間は道徳的な行為や思考だけでなく、様々な概念を駆使しながら生活している。しかし、それらの概念が、なぜ、どのように関係しているか、その根拠については誰も説明ができない。もし、仮に、人間が道徳的な選択に基づいて行動したとしても、その行為が、どんな結果をもたらすのかを完全に見通すことのできる者はいないだろう。つまり、人間の思考や世界に生じる物事は基本的に偶然的なものでしかない。そして、それらの状態や関係を必然的なものにするのが神である。神の行為だけが世界に規則をもたらす。この世界において、人間の行為がその後の世界の状態の原因になることはあり得ない。要するに、神が人間の行為を含めた現在の世界の状態を考えた上で、次の瞬間には、あらためて世界を創造し直している、とマールブランシュは主張したことになる。彼はあらゆる物事は神が自らの行為を考える上での機会原因に過ぎないと考えることから、彼の哲学は「機会原因論」と呼ばれる。彼の考えでは、真に能動的な力は神だけが持っている。

だが、もし、神のみが行為するのだとすると、人間が道徳的に振る舞う余地はなくなってしまう。初期の主意主義者でさえ、信仰の下で正しく生きることを求めていたのだから、これは当然の批判だ。しかし、マールブランシュに言わせると、こうした批判は神の能力や行為を極端な形で考え過ぎているということになる。主知主義者と主意主義者は、神が万能であるはずなのに、この世界に悪が実際にあるのはなぜかということについて争っていた。この論争について、マールブランシュは悪があるように神が世界を創造しているということを認める。つまり、彼は主知主義の側に立つ。それでは、全能なる神が悪を為すはずがないという主意主義者の批判に彼はどう答えたのか。マールブランシュの回答はこうだ。神は万能だから、悪を排除することは可能である。しかし、その能力を実際に生じさせた悪に対して行使するかどうかは、神の自由である。ここで彼が示す、神がどのように行為するのかにかんしての見解はなかなか独創的である。彼によれば、神がひたすら善を追求し、それを創造するというのは、神らしくない。神は、極めて単純な規則の下で自らの行為を選択するはずであり、その方が神にふさわしいというのだ。

「神ができるだけ最完全な作品を創ることを絶対的な意味で意欲した、とは想わないでくれたまえ。むしろ単に、神に最も相応しい手段に関連して最完全な作品を創ることを、神は意欲したのだ。」

（『形而上学と宗教についての対話』一五六頁）

では、どうして「単純さ」、言い換えれば一般法則に従って行為することが神にふさわしいのか。それは、単純さを求めることが、様々にあり得る道徳原理の間に序列を定めることだからだ。すでに述べた通り、マールブランシュの考えでは、真に行為する能動的な力を持つのは神だけであった。しかし、もしも、神が瞬間ごとに世界を作り直しているのだとしたら、それは神が自らの創造に対して／よって混乱してしまっていることになるのではないか。そんなことはない、と彼は言う。マールブランシュによれば、神は自らの創造と創造における道徳原理に「ある秩序」を持たせることで、自らの創造が明晰であることを示しているのだ。彼の「神は自らを一般法則によって律している」という、一見風変わりに見える主張は、実は二つの問題を解決している。第一に、主知主義的な道徳の擁護だ。神は単純な規則によって行為しているのだから、その規則は被創造物で不完全な理性しか持たない人間であっても理解できるものであるということができる。第二に、人間の道徳的行為の可能性を認めることである。機会原因論によって、マールブランシュは世界が神によって決定されているという誤解を人々に与えてしまう可能性があった。しかし、神は一般規則に基づいて行為しているに過ぎないのだから、現にある世界において、人間が道徳的に生きる余地は十分にあることになる。もちろん、それは次の瞬間に、神に排除される可能性をも認めている。

この、マールブランシュの見方に基づくのであれば、人間は道徳的に限りなく神に近づくことができることになる。なぜなら、神は道徳的な序列＝単純さに依拠して振る舞っており、それは人間にも理解できるのだから。彼は人間が神の観念によって事物を認識するとも主張したが、それは神が真の原因であることを示すだけでなく、神の観念が、最も重要な部分においては人間に理解可能なほど単純であるということをも暗に示していた。したがって、マールブランシュは人間が世界や物事の原因となることができない不完全な存在であることを一方で認めながら、人間が道徳的には完全であり得ることを主張したとも言うことができる。

道徳能力の重層性

マールブランシュの道徳理論は、道徳原理における序列という単純さを軸にするという極めて独創的な形ではあったが、それが主知主義的な伝統に根ざしていたものであることは疑い得ない。彼は秩序が義務と同時に愛をもたらすという主張もしているが、これは、カンバーランドの発想を想起させるに十分なものだろう。また、彼の理論は人間の道徳的完全性という特徴とは別に、彼以降の主知主義と主意主義の論争を形づける重要な論点を明らかにしたことも忘れてはならない。それは、道徳における感情の役割である。伝統的な主知主義者は「分かれば為す」と考えてきた。そのため、道徳的に振る舞う動機についてはそもそも重視する必要がなかった。それに対して、主意主義者たちは「分からなくてもやる」と言わなければならなかった。彼らが、そのための論拠を見出すために悩んできたことはこれまでに見た通りだ。ルターたち初期の宗教改革者は、神の恩寵に訴えるだけでよかった分、ある意味で幸せだったかもしれない。しかし、否応なく世界の荒廃に目を向けなければならなくなったプーフェンドルフやロックたちは、経験的な動機に訴える必要があった。そのため、彼らは動機を得ることと神を擁護することとの間で矛盾を抱えることになったのだ。

その意味では、デカルトは古典的な主意主義者であったと言える。彼は道徳そのものに神が不要である可能性を否定することこそできなかったが、彼自身の理論の道筋としては、人間の意志をはじめとする道徳能力は神に与えられているという主張を守っていた。マールブランシュはデカルトの主張を発展させる。デカルトはカンバーランドと同じ様に、幸福が道徳に役立つこと、真の幸福が道徳によって可能になることを主張した。ギリシア以来、徳と幸福とを対立的に捉えるか、それとも、融和させるべきものと捉えるか、いずれにせよ、徳と幸福を対にして考えるのが伝統的な構図であった。ところが、マールブランシュは、近代道徳哲学の多くの理論が結びつけて考えていた徳と幸福を切り離して、徳があるからと言って、必ず幸福になるとはかぎらないと断言した。これはやはり画期的なことである。

だが、今度は、マールブランシュの道徳理論では、何が道徳への動機を保証するのかという問題が生まれることになった。彼は、主知主義者として明晰な知識が道徳的な振る舞いを促すということを第一に主張する。もちろん、彼も、デカルトと同じように、人間が必ずしも明晰な知識を得られるわけではないということを認めていた。その上で、マールブランシュは、重要な役割を果たすのが神に与えられた感情だと言うのである。

「人間は二つの実体、精神と物体から構成されている。したがって区別すべき、かつ探究すべき、二種のまったく異なる善がある。精神の善と身体の善と。神は人間に、この相異なる善を識別するよう、大変確実な二つの手段を与えた。精神の善には理性を、身体の善には感官を。」

（『形而上学と宗教についての対話』六四頁）

それまでも、数多くの哲学者が感情の役割を重視してきた。幸福や愛が道徳の主要な論題だったことを考えれば、当然のことだと言えるかもしれない。しかし、マールブランシュが感情について議論したことには歴史的に極めて重要な意味がある。それは、主意主義者だけでなく主知主義者であっても、理性とは別に道徳の動機について論じなくてはならなくなったという変化を示しているからだ。良き信仰者であった彼は、ルターのように感情が恩寵として与えられていることを主張した。しかし、後の論者たち、特に新たな主意主義者たちは、それぞれ、神学との距離を模索しながら、幸福や愛に収まりきらない多様な動機を論じていくことになる。

神聖ローマ帝国の再建(ライプニッツ：神聖ローマ帝国)

世俗的な混乱と宗教的な権威の衰退が人々の目に明らかになるなかで、人間の道徳能力と宗教を同時に擁護するという課題は、混乱のなかに秩序を取り戻そうとする一つの重要な筋道であった。特にこの問題は、三十年戦争によって政治宗教的な混乱が最も大きく生じた神聖ローマ帝国にとって深刻なものだった。スピノザと同じく道徳哲学において人間の完全性を主張したゴットフリート・ヴィルヘルム・ライプニッツ(1646–1716)も、やはり、同時に宗教を擁護しようとした。彼が生きた時代の神聖ローマ帝国は、グロティウスの節でも述べたように、ヴェストファーレン条約によって帝国内領邦の独立性が認められる一方、ルイ十四世(1638-1715)の支配の下で拡大政策を採るフランスの脅威にさらされていた。ライプニッツは帝国内の一諸侯であるマインツ公に仕官していたが、フランスの拡大に危機感を覚えたマインツ公は、ルイ十四世がネーデルラント侵略(それが神聖ローマ帝国への進軍の布石であることは明らかだった)を中止するよう説得するためライプニッツをパリへ派遣した。

結果として、彼はルイ十四世を説得することはできなかった。しかし、パリで諸外国の学問・政治的な動向に触れたことによって、ライプニッツは多くの学問的な刺激を受けるだけでなく、政治的な危機感をさらに強めていった。パリ滞在中にマインツ公が亡くなったこともあり、神聖ローマ帝国領内に戻ったライプニッツはハノーファー選帝侯に仕えることになる。ハノーファーの人口は当時一万人程度で、二千万近い人口を抱えるパリやロンドンとは比べることもできないほど小さい都市だった。しかし、あるいは、それだからこそ、ライプニッツは行政官としてばかりか技術開発にも積極的に従事した。そして、彼は一領邦であるハノーファーの発展に尽くしながら、それと同時に神聖ローマ帝国内で選帝侯が乱立する事態を何とか収拾しようとしていた。

古く、かつ新しき問題としての隣人愛

ライプニッツはルター派を主とするライプツィヒに生まれたが、信仰に対する寛容な精神を持っていたと言われている。しかし、諸外国の勢力拡大を目にするうち、アウクスブルクの宗教和議（一五五五年）以降、拡がった新旧両教の分裂を修復し合同させる計画を進めるようになった。こうした宗教的計画は、ライプニッツだけでなく、カトリック教会の内部からもしばしば提案されていた。それほどに、神聖ローマ帝国の政治的・宗教的な再統合は深刻な課題だったのだ。

道徳哲学者としてのライプニッツは、人間の道徳能力への信頼を強く主張した。その目的は、スピノザ同様、主意主義に対する反論を展開することであった。主意主義者は神が事物の道徳的性質さえ変更できると考えていたため、本性としての善悪に神が拘束されると主張する主知主義によって神の権威が貶められていると非難した。これに対して、本性としての善悪があること、宗教的な立場を超えて人間にそれが理解可能であるという主張が、政治宗教的な再統合を考える

ライプニッツにとっていかに重要な希望であったかは容易に想像がつく。そのため、彼は善による拘束や必然性と神の自由が矛盾しないと主張しなければならなかった。

彼は最善説と呼ばれる自説（予定調和）において、神が世界を最も善くあるように創造していると指摘した。より大きな善はそれだけ選択と行為の理由をもたらす。だから、神は自らの理性に基づいて最善の世界、つまり、予定された調和を人間にもたらしている。しかし、それは神が他者の力に拘束されているということではない。神は神自身の性向によって善へと導かれているので、必然的でありながらまったく自由である。こうした、ライップニッツの主張は、ある意味で伝統的な主知主義的見解を踏襲したものであった。

だが、ライプニッツはアクィナスやカンバーランドのように世界における人間の役割を法に対する従属だけに見出さなかった。彼によれば、私たちは神が必然性と自由を両立させていることを理解できる。そうだとすれば、たとえ神には遠く及ばないにしても、人間が必然性と自由を両立させる可能性を認めて良いのではないか。ライプニッツは人間がある種の精神的な自動機械に過ぎないとも述べているが、だからと言って、必ずしも人間の自由を否定しているわけではない。人間も自らの理性を行使し、理性に従って善を求めることで最善の世界に寄与できる、というのである。

言い換えれば、ライプニッツは完全な世界が人間の理性の完全な行使＝完成によって可能だと主張したことになる。理性を正しく行使することによって、私たちは世界の完全性を理解できる。その意味において、彼の思想はスピノザと通じるものでもあった。しかし、二人の間には神の擁護をめぐって違いがあったことも忘れてはならない。それは、彼らが神と人間との関係を重視していたために、なおさら大きなものであった。スピノザにとって、神とは世界であった。人は世界の一部分でしかなく、人はあらゆる他者、他物から切り離された個人として存在するという間違いを、自らの道徳能力によって神＝世界への同一化へと修正しなければならない。彼にとって、神はあらゆる事物に宿るのだ。これに対して、ライプニッツは神が世界の創造主であると主張する。神によって作り出された最善の世界に、神の意志は、当然行き渡っているが、それは神の存在が世界に埋没しているということではない。まさしく、彼はキリスト教の擁護者であった。

では、宗派の対立を克服するというライプニッツの政治宗教的な課題と彼の主張とはどう結びついていたのか。その関係をライプニッツの隣人愛についての見解に見ることができる。彼によると、快楽とはそれ自体完全性を感じることだという。それはライプニッツの哲学からすると、人間が道徳能力を適切に行使しているということでもある。そして、キリスト教が掲げてきた隣人愛とは、まさに快楽が人間の道徳能力を介してこの世に完全性をもたらしていることを明らかにした、最も重要な道徳的指針なのだ。

「人が兄弟を愛することなしには神を愛しえないということ、隣人愛をもつことなしには英知をもちえないということ、そして他人の善をもたらすことで自らの善を進めるということさえもまったくの真理なのだ」

（*Textes* Ⅱ.581）

ライプニッツも、カンバーランドたち伝統的キリスト者と同じように「愛の法」を中心に議論を組み立てた。彼は自らの理論によって神を道徳的に擁護できると考えた。神はそれだけで完全であるから、人間は神の完全性に最も大きな快楽を感じるだろう。しかし、スピノザが、神を擁護しようとして人間の完全性を主張したと非難されたように、ライプニッツも道徳哲学に皮肉な結果をもたらすことになった。

もしも、彼が主張するように、理性を行使する賢人が、事物の完全性を知覚することで道徳的に動機づけられるなら、神の意志は不要になってしまう。これは、主意主義が長い間、主知主義に対して行なってきた批判が、ライプニッツにも当てはまることを意味する。しかも、もし、彼の主張の通りだとすると、理性を行使できない愚者は道徳的に動機づけられないことになる。結局のところ、ライプニッツの主張は人間の道徳とその道徳への動機についての議論から、神を後景に退かせることになってしまったのである。

ただし、スピノザやライプニッツが重要なのは、道徳についての議論から神を撤退させたからだけではない。道徳と神との間の亀裂は、すでに世俗権力の台頭によって教皇権が動揺したアクィナスの時代から問題になっていた。その溝を埋めようとした点ではマールブランシュ、スピノザとライプニッツも先行する哲学者と同じだ。しかし、彼ら以前の議論が「不完全な人間がいかにして道徳的であり得るのか」を問題にしたのに対して、彼らは「人間の道徳能力が如何に完全であり得るか」と問いの性質そのものを変えてしまった。結果から言えば、彼らもそれ以前の道徳哲学者も神が道徳に不要である可能性を否定できなかったわけだが、問題の関心が神の擁護から人間の道徳能力へと変わる転換期に、三人の議論は位置している。

もう一つ、彼らの議論の特徴として忘れてはいけないことがある。それは、人間の道徳能力の完全性を示そうと試みるなかで、あくまで人間の理性を重視していたことだ。これは、「分かれば為す」という神学的な主知主義を継承したものだった。そうである以上、彼らは、主意主義による批判、なぜ悪があるのか、愚者をどうするのかという問題に答えなければならなかったはずである。しかし、彼らはこの問いにうまく応答することができなかった。

だとすると、今度は、人間の道徳的完全性を意志と感情に基づいて考える主意主義の可能性についても検討される必要があるだろう。考えてみれば、徹底した主意主義者であったデカルトが完全論への道を開いたとも言えるのだから、彼に続く主意主義者たちが人間の完全性について説明するよう期待されたことは想像しやすい。

では、人間の道徳能力への関心が高まるなかで、どうすれば、スピノザやライプニッツのように理性ではなく、感情によって道徳能力を擁護できたのか。私たちはようやくここでホッブズ哲学の今日的意義を考察することができる。

第五章　動機としての感情

トマスからトマスへ（ホッブズ：イングランド）

ピューリタン革命が勃発する前年、トマス・ホッブズ（1588–1679）はパリに亡命している。三十年戦争への介入によって疲弊した国家財政と絶対権力を立て直そうとする王族と、政治的権利の拡大を目指す市民との対立はもはや避けられない状況だった。ホッブズは、クロムウェルを中心に共和制を確立したイングランドの現状に対して異議を唱え、国家の絶対権力を擁護した。これが『リヴァイアサン』の目的だった。これは、一見すると、市民的権利が正当であると主張したロックに対して、ホッブズが市民よりも国家を重視したように見えるかもしれない。しかし、ホッブズは市民社会を否定するためではなく、市民社会が可能である為に絶対権力が必要であると考えていた。

今日、主意主義者としてのホッブズに学ぶとしたら、政治や道徳の問題における彼の業績に注目が集まるのは当然だとしても、当時の人々にとってさえ、彼は神学的に無意味な、むしろ危険な存在でしかなかった。もし仮に、彼の主張を神学的に理解したとしても、同時代のカンバーランドやロックと比べて、ホッブズが神学的な関心を彼らほど強く持っていなかったことは明らかだ。だから、当時の人々がホッブズの主張を無神論に引きつけて非難したことは、正確ではないにしても、彼らの違和感の正当な表明である。ホッブズ以外の主意主義者、主知主義者が神を目的としていたのに対し、彼にとって神や権威は人間が社会的な秩序を構築するために、恐怖の源泉として置かれている手段に過ぎなかった。彼の主要な関心は三十年戦争が終わった後も争いの絶えなかった自国の内乱にあった。グロティウスやプーフェンドルフにとって問題だったのは法(成文法)が及ばない国家間の争いだった。宗教と世俗権力が結びついた国家間の争いは、ある意味で対立の構図や課題が明瞭であった。しかし、ホッブズが直面したのは、もはや一国の内でさえ法が及ばず、戦争を避けられなくなった人間の惨禍だった。

「道徳哲学と国家哲学の効用は、既知の道徳哲学・国家哲学から私たちが得ている利便よりも、それを知らないことから私たちにふりかかっている災禍によって評価されなければならない。しかるに、人間の努力によって避けることのできる災禍はすべて戦争から、それもとくに内戦から生じる。……内戦の原因は、戦争と平和の原因が知られていないこと、そして平和を固め守るための自己の義務を、言いかえれば真の生活規則を学んだ人びとがごく少数しかいないということにある。さて、この規則の認識こそが道徳哲学である。」

（『物体論』二二頁）

当然ながら、ホッブズが彼以前の神学的な道徳哲学に何も学ばなかったはずはない。かつて、アクィナスは徳が法に服従する習慣であると主張していた。その意味するところはまったく異なるが、ホッブズも人間が法に従うこと、そして道徳的秩序がどのようにすれば可能かということに強い関心を抱いていた。その意味で、彼は自然法思想の一端に属した。しかし、当時の主意主義を受け入れない人々、特に道徳的善悪の恣意性を受け入れられないと感じた主知主義者にとって、ホッブズは最大の論敵であった。たしかに、グロティウスは、ホッブズ以前に最高善を認めなかった論者の一人である。しかし、グロティウスは人間の本性として利己心と社交性（利他心）の両方を擁護し、人間の社交性によって道徳的で平和な世界が可能であると主張した。そのため、後の主知主義者たち、特に愛を道徳の中心に据えようとしたカンバーランドをはじめとするキリスト者にとっても重要な論者であり続けた。ホッブズの場合、人間の社交性（利他性、愛の法）を認めてはいたものの、人間の基本的な本性が利己心にあり、利他心は利己心に従うと主張したために強い反発を招いた。だが、非常に評判の悪かった彼の道徳理論は、人間の道徳への動機づけを考える上で重要な論点を先取りしていた。それは、人間の理性ではなく、感情が道徳への主要な動機になるということである。

市民社会の擁護

ホッブズは、人間は生まれながらにして平等だ、能力に差はない、と何度も強調している。彼の考えでは、たとえ能力に差があるとしてもそれは極めて些細なものでしかない。ホッブズは、何かを得るチャンスすら平等だと考えた。たとえば、私たちが眠っている時のことを想像してみてもらいたい。そこには世俗的な差がほとんど見出されないことが分かるだろう。どんなに屈強な者でも眠っている時は無防備である。そう考えれば、弱い者が強い者から富を奪うことも容易だ。現実にそうすることが困難であったとしても、そうした可能性を簡単に想像できるほど、私たちの能力の差は小さいということである。だとすれば、人が自らの欲求に従えば衝突が起こるのは当然だ。しかも、一度、紛争が起きると、互いの能力は平等だから、どちらかが死ぬまで、争いが続くことになる。そのような争いを避けるには、死に対する恐怖心によって自然権を放棄するしかない。ホッブズは、人間には利己心があるのだから、恐怖心による抑止は可能だと考えた。こうした、ホッブズの人間理解は極めて自然主義的、物理学的なものだった。彼の考えでは、人間は自己保存＝利己心に従って生きるし、「生まれた以上は死にたくない」というのは生命が物理的な運動を停止しないために当然のことである。

アクィナスたち主知主義者は人間が自然法を理解できれば自然法がもたらす以上の欲求は生じないと考えた。しかし、ホッブズにとって欲求の消失は運動の停止すなわち死を意味する。

「浮き世に生きる限り、心の永遠の平穏などというものは存在しない。なぜなら、生きるということはそれ自体運動であって、感覚を欠いては生きられないのと同様に、欲求や恐れを欠いても生きることはできないからだ。」

（『リヴァイアサン 1』一一〇、一一一頁）

ホッブズは、生きている限り欲求は止まるところを知らないと考えた。彼によれば、精神は物質の小さな粒子に過ぎず、対象としての外部の諸原子が私たちに刺激を与え反応することによって嫌悪を含めた欲求が生じる。私たちが善や悪と呼ぶものは、私たちが対象を認識し、それを欲したり嫌ったりすることで善や悪とされるに過ぎない。それ以外に、モノの属性として善や悪があるわけではない。私たちが自発的な熟慮と呼ぶものも欲求と嫌悪の衝突によって生じる現象であり、それは他者の恐怖によって引き起こされる非自発的な行為と少しも変わらない。だから、ホッブズの道徳においては、自己保存への衝動が止まらない人間同士の運動の衝突を回避する＝自己保存の運動を可能にするために神や支配者が道具主義的に必要とされるのだった。こうした、彼の主張は同時代において特異なものであった。しかし、現代の私たちにとって、ホッブズが市民社会のためにこそ絶対権力が必要だと主張したことの意味は明らかである。彼は市民社会に対する国家の優位を説いたというよりも、むしろ、人々が最もよく自己保存へと導かれる市民社会を手段としての国家よりも優先していた。道徳への動機や動機としての感情に注目したという点においては、ホッブズを批判したカンバーランドですら、ホッブズに倣っていたことは先に述べた通りである。

彼の名誉のために、付け加えておくと、ホッブズは人々が恐れていたようには信仰を否定しなかった。彼はルターやカルヴァンたちプロテスタントに対するよき批判者でもあった。ホッブズと同時代に生きたデカルトも同じように、ルターたちの主意主義が不徹底であることを批判していた。デカルトの批判は、ルターたちは主知主義者が知的に傲慢であると非難しているくせに、人間は啓示を理解することができると主張しているのはおかしいではないか、というものだった。ホッブズは、それに加えて、ルターたちが啓示を公的に利用していると批判した。ホッブズも啓示が個人の信仰に果たす役割を否定していたわけではない。しかし、彼にとって、啓示はあくまで個人の信仰に必要な範囲に止められているはずのものであった。だから、ホッブズは、啓示を完成された宗教として作り上げようとする人々に世俗的な権力欲、不信心を見出したのだ。その意味において、ホッブズは過度に恐怖を煽ることを否定していた。つまり、彼は人間が啓示によって自らの生存についてよく考えるのであれば、自然に適切な恐怖の下で法の支配に服すると考えていた。彼の考えによれば、それ以上の恐怖を他者に加えることは、自然法に反する。だからこそ、ホッブズは主権者が啓示を利用して人々を愚かな信仰者のままにしておこうとする宗教者こそ統治しなければならないと主張していたのである。

もちろん、ホッブズが恐怖を重要な動機とみなしていたことは間違いない。これに対して、カンバーランドは動機づけをあたえる感情の問題を愛として捉えなおすことによって、目的としての神の秩序を取り戻そうとした。同じように動機としての感情に早くから注目していたのに、ホッブズが人々に受け入れられなかった理由はこの違いのせいだろう。繰り返すまでもなく、ホッブズは死に対する恐怖の感情を道徳へのきっかけとして重視していた。しかし、人々が恐怖を、人間を恩寵によって生の苦しみから救済してくれるはずの神にはふさわしくないと感じたとしても無理はない。このことは感情が政治的な主題となっている現代において、私たちが、ホッブズの議論を引きうけようとする時に直面する課題の一つである。では、私たちは、このことを、どのように考えればいいのか。それを知るために、混乱する世界に対して、人間が道徳的であり得ることを感情に即して論じたヒュームの思想に目を向けることにしよう。

スコットランド合同とイギリス経験論（ヒューム：スコットランド）

一七〇七年、イングランドとスコットランドの連合によってグレートブリテン王国が誕生した。すでに一六〇三年には同君連合が成立していたが、スコットランドは商工業が未発達でイングランドに政治的にも経済的にも従属していた。同君連合から王国統一への変化がイングランドへの従属を強めるのか、それとも、発展に寄与するのかはスコットランドのなかで深刻な論争を巻き起こした。いわゆるスコットランド啓蒙思想はこうしたイングランドとの連合問題を背景に形成された。

この対立は一国内の問題には留まらなかった。名誉革命で追放されたジェームズ二世がフランスへ亡命すると、代わったイングランドのウィリアム三世はフランスのルイ十四世と領地拡大をめぐって対立した。ジェームズ二世のステュアート朝はスコットランドに出自があったため、彼の廃位に反発する反革命勢力（ジャコバイト）はスコットランドを主要な活動拠点としていた。フランスはイングランドに対抗するため、ジャコバイトの活動を支援していた。名誉革命以後、ブリテンにはホイッグを中心とする「ウォルポールの平和」がもたらされたが、ジャコバイトの政治活動は一七四五年にジェームズ二世の孫、チャールズ若僭王（1720-1788）の反乱が失敗するまで一定の力を持ち続けた。

スコットランドに生まれたディヴィッド・ヒューム（1711-1776）にとって、こうした政治状況は避けられない問題だった。彼の主著『人間本性論』における道徳哲学も、政治秩序の可能性を含んで組み立てられていたと言ってよい。彼はスコットランド啓蒙学派のフランシス・ハチスン(1694-1746)たちの影響から、イングランドとの連合を政治的には支持していた。その一方、宗教については、ヒュームは彼らと意見を異にしていた。しかし、そのような相違を超えて政治、経済、宗教の宥和が課題であることは共有されていた。スコットランド啓蒙に加えて、ヒュームの道徳哲学のもう一つの先駆的系譜となったのがイギリス経験論だ。ニュートン(1642-1727)をはじめ自然科学の拡がりや、ロックによって示された経験主義的な道徳論はヒュームの道徳哲学の重要な特徴を形作った。スピノザやライプニッツと同じように、ヒュームは神学的な影響の下で人間の道徳能力への信頼を主張し、世俗世界に秩序をもたらすために何が可能かを問うた。しかし、ヒュームは二人と課題の多くを共有しながら、理性ではなく感情にその可能性を見出した。ホッブズとは異なり、ヒュームは人間の道徳能力への関心がますます高まる時代に生きた。彼はどのようにして主張したのだろうか。

ヒューム以前にも、人間の道徳能力における感情の重要性を主張した人々はいた。マールブランシュやシャーフツベリ(第三代、1671-1713)たちだ。彼らは感情の調和こそが人間に道徳をもたらすと考えた。もちろん、感情は人に行為を促すには過剰だったり、反対に不足していたりもする。

しかし、だからこそ適切な行為を導こうとするなら、適切に保たれた感情が必要である。これは単に感情を適切に調和させれば良いということではなく、むしろ、調和が道徳的に正しい行為を導くことが大切なのだ。彼らは感情の調和によって市民的な徳を持つようになった者たちが、秩序ある共和国を可能にすると主張する。しかし、こうした指摘は、人間の利害や感情の対立を主要な論点としてきた、グロティウス以降の自然法理論家にとって必ずしも満足できるものではなかった。仮に、感情の調和が道徳的な行為をもたらしたとしても、道徳哲学が考えなければならないのは、むしろ、どうすれば調和が可能なのか、可能だとして、それを人間の道徳能力に期待できるのか、ということだった。ブリテンの宗教者でもあったハチスンやバトラー(1692-1752)は、マールブランシュたちの問題を、キリスト教の仁愛と自己愛の調停の問題として組み立て直していくことになった。多様であったとは言え、やはり、彼らの議論も神学的な問題設定に回帰していたのだ。

しかし、ヒュームは、たとえ人間には争いが避けられないとしても、人の道徳能力を期待して良いと主張し、宗教的な権威に訴えなかった。彼はグロティウスと同じように、人間の道徳が他人との争いを抑えようとする「人為的な徳」と、他人のために善を行なおうとする「自然な徳」に分けられると考えた。言い換えれば、人為的な徳はそれに従うことによって必ずしも善をもたらすとは限らないのに対して、自然な徳は必ずこの世界に善をもたらす。グロティウスやカンバーランドなら、これらを「正義の法」と「愛の法」と呼んだだろう。法ではなく徳に訴えたことからも明らかな通り、ヒュームは道徳を人間が外部の存在によって課されるものではなく、宗教的権威を追放しようとするものであることを積極的に主張していた。確かに、私たちの感情はしばしば私たちに利己的な振る舞いをさせる。しかし、他人が私たちの善にとっては関係のない振る舞いを行なう場合でも、人間には、他人の動機を理解するための共感能力がある。ここで重要なのは、共感が理性、つまり他人の動機を知覚するだけでは成り立たないということだ。マールブランシュがすでに指摘していた通り、人間の認識が行為や判断そのものを導いていないことは明らかだ。もちろん、認識が行為や意志決定に影響を与えることはあっても、それは因果関係として理解できるものではない。つまり、本当に「分かれば為す」のかということが再び問われたのだ。これに対する、ヒュームの回答は「否」であった。人が自らの利害に反してでも振る舞い得る可能性があるなら、道徳への動機としての感情を共感によって獲得することである。そして、それは必ずしも困難なことではない。なぜなら、所有という利己心と利他心の争点となるような現象において、人間は他者と自分の所有権を守るという課題を実際にこなしてきたからだ。繰り返すと、所有権を守るという実際の意思決定や行為は、対象を認識することではなく、それに向けられた動機によって可能になる。彼は、このように主張することで、私たちの道徳における理性と感情の地位を転倒させた。

「理性は情念の奴隷であり、またただ情念の奴隷であるべきなのであり、理性が、情念に仕え従う以外の役割を要求することは、けっしてできないのである。」(『人間本性論 第2巻』一六三頁)

功利と感情

権利を重視したグロティウスと同様に、ヒュームの道徳理論も所有権が重要な地位を占めていた。しかし、彼が所有権を尊重するのは、共感による利害の調整や契約が、言い換えれば人間の道徳能力によって「正義」を行なうことができると積極的に示そうとしたからだ。ただし、人間の道徳能力の完全性を示すことが必ずしも神や宗教の追放を意味しなかったことはスピノザやライプニッツについて見た通りである。では、人間の道徳的能力を信頼するヒュームは宗教を否定したのだろうか。ヒュームによれば、人が宗教を信仰するのは不安だからであり、その不安は私たちが自分の生活を制御できないことから生じる。彼は、道徳は理性の力に強く訴えなくとも、感情によって経験的に理解することが可能だと考えた。人は共感によって道徳的行為に向かい、道徳的な経験を積み重ねることで無根拠な不安や宗教信仰そのものを退けるようになるだろうと、ヒュームは考えた。ただし、ヒュームの道徳理論があらゆる宗教に対して破壊的効果を持っていたとしても、彼が信仰そのものを否定していたとは言えない。私たちの道徳的な経験は純粋的に偶然なものだと彼は主張する。つまり、彼は主意主義的な神学観を抱いていた。しかも、それはデカルトやホッブズに同じく、啓示や道徳的な経験を神の意志に基づいていると主張することで世俗的に利用する宗教者たちへの非難を含む、徹底したものでもあった。したがって、神学的な懐疑論に対して理性宗教や自然宗教としてキリスト教を立て直す試みは、信仰を宗教の問題に矮小化するものとして非難される。

ここには、ヒュームの道徳理論の革新的な面とそれに伴う問題の両方がふくまれている。まず、先に問題の方から整理しておこう。宗教者に対する彼の批判は自らへの理論にもはね返ってくる。つまり、もしも、宗教家が人々の愚かしさに付け込んで啓示を利用し、宗教を作り上げることを否定するのであれば、たとえ、賢明な人々の道徳的な経験であったとしても、それが、彼ら以外の人々にとって道徳的であることを保証し、正当化する理由はどこにもない。にもかかわらず、ヒュームは世俗道徳が宗教道徳に優先すると主張した。一般に、ヒュームは理性と感情の地位を転倒させようとしたと考えられている。だが、世俗道徳が宗教道徳に優先するという、彼のこの主張は、私たちに「ヒュームですら、やはり、善の知覚という理性の古典的な役割を重視していたのではないか」という気持ちにさせる。むろん、たとえ十分に論じられていなかったとしても、感情についてのヒュームの理解が際立っていたことは言うまでもない。歴史的に見て、彼の宗教観は極めて重要である。カンバーランドの仁愛が典型的なように、宗教的な動機を重視する人々は道徳判断を可能にする一つの道徳原理を想定してきた。それに対して、ヒュームは、たとえば人が快楽なら快楽という単一の原理によって道徳へと動機づけられるというような言い方を慎重に避けていた。人は快楽を自分のことととして感じることができなかったとしても、感情によって道徳へと動機づけられている、と彼は主張する。快楽のような単一の原理が想定できないにもかかわらず、私たちを道徳的振る舞いへと促す何か。ヒュームはそのようなものとして感情を理解したのである。マールブランシュ以降、道徳哲学は人間の道徳的な動機づけを道徳感情に見出してきたが、ヒュームによって道徳と宗教とは完全に分けられた。彼によって、道徳哲学の意味は世俗的な秩序の可能性を探究するものへと置き換えられていったと言える。

アンシャン・レジームとフランス啓蒙主義(ルソー：フランス)

ルイ十四世はフランスの領土拡大を推し進めようとした。そのため、彼の治世末期には、かさむ軍費と財政政策の欠如によって国家財政が行き詰まることになる。こうした経済情勢はルイ十五世(1710-1774)の時代になっても好転しなかった。これに対して、イングランドでは、十七世紀末から十八世紀初頭、市民権の拡大と経済的な繁栄が進んだ。啓蒙思想はもともとイングランドとスコットランドで発展したが、市民革命から名誉革命を経て、議会制政治が王権と市民との対立を収拾した。しかし、フランスでは、旧体制が残っていたために、却って啓蒙思想による政治批判が先鋭化し、絶対王政と人民の対立は激しくなった。むしろ、そうした政治状況の下で生まれたために、フランス啓蒙思想は、革命の理論・思想的基盤を作り出したと言えるかもしれない。

ジャン＝ジャック・ルソー（1712–1778）もまた、これまでの多くの道徳哲学者がそうであったように敬虔なキリスト者であった。ただ、彼の信仰は彼の時代においてかなり独特であると思われたために、多くの論者から非難を受けた。とは言え、一切の宗教を否定したヒュームに比べれば、ルソーの宗教観はよほど保守的なものだった。彼にとって、この世にある宗教の違いはわずかなものでしかない。そのなかで、キリストが特別であるのは宗教と道徳の本質である神への崇拝を最も純粋に体現した点にある。逆に言えば、それしかないと、ルソーは考えた。では、そもそも、なぜ神は崇拝すべきなのか。彼に言わせれば、それは神が善と正義の属性をまとい、創造においてその二つの属性が道理としてこの世界にもたらされたからだという。今から見れば何の変哲もない神への崇拝の下で、ルソーはどのようにして独特の道徳理論を展開することができたのだろうか。

ルソーは、物事の原因は神だけであるとするマールブランシュの機会原因論を引き継いだ。神の摂理で示されるのは普遍的なものだけであり、神に創造された万物はそれぞれの営みにおいて、世界の秩序に対する責任を持つ。だから、私たちは簡単に悪を行なうことができる。ホッブズ(「万人の万人に対する闘争」)と違い、ルソーの考えでは万物は自然状態では基本的には互いに関心を持たないので闘争になりようがない。なぜなら、彼によれば、自らを保存する限り、万物は、そもそも神の普遍的な秩序に反することができないからである。同じ様に、人間も自然状態では自己愛と憐憫の情しか持たない。だから、ルソーは、人間が自然状態においては道徳的である余地がないと考えた。

しかし、人間は万物よりも複雑に創造された。人間は自らの欲求に抑えたり新しい欲求を抱いたりする「自己完成」の能力を持っている。しばしば自然状態を理想化していると言われるルソーだが、彼も人が自然状態に回帰することはあり得ないと考えていた。その意味では、私たちが社交的で邪悪=互いに対立的な存在になることは避けることができない。たとえば、自然な自己愛は社会的な人間の場合、自尊心に置き換えられる。社会的であるから、私たちは所有や他人への関心を持つ。私たちが社会的であることは、悪への堕落の可能性を常に伴っている。人々が互いに社会契約を結び、政治組織を作るのは、人間の集団が単に個人の欲求や力のみでは成立しないからだ。ルソーは、この政治的な集団を「道徳的、集合的身体」と呼んだ。なぜ「身体」なのか。人間は「自己完成」の能力によって自らの本性さえ変えることができる。だから、契約によって共同体を作り上げる人間はお互いのために自分の欲求や目的の追求を制限するだけでなく、契約への同意を通じて自ら新しい善への意志を見出す。この意志は共同体の集合的な意志であると同時に個人の道徳的な意志でもある。ルソーは、共同体と個人の道徳的判断が合致できると考え、だからこそ、政治的な集団を「身体」にたとえたのである。彼に言わせれば、共同体と個人が合致できるような意志こそが「一般意志」なのだ。

それでは、私たちはどのようにすれば一般意志に従うように自らを変えることができるのか。ルソーは個人が共通善を知覚するだけでは動機として不十分だと考えた。まず、先に共通善の知覚や社会契約への動機が見出されないと、人は自らの個人的な善に止まってしまうからだ。言い換えれば、人間は理性だけでは政治体へ動機づけられることがない。そこに必要なのは「理性によって照らされた魂がほんとうに感じるものであること、それはわたしたちの原始的な感情の正しい進歩の一段階にほかならないこと」である(『エミール』七三頁)。そして、再び神の創造が持ち出される。人間は道理への愛を自然に感じるように創造された。「道理への愛」は、発達し活発になると良心と呼ばれる。私たちは人間に良心があることを知っているが、それ自体をメカニズムとして理解することはできない。そのため、良心は人間が自らの本性を変化させ政治体を可能にする唯一の希望である、とルソーは言う。

「善を知ることは善を愛することではない。人間は善について生得的な知識をもってはいない。けれども、理性がかれにそれを知らせるとすぐに、良心はそれにたいする愛をかれに感じさせる。この感情こそ生得的のものなのだ」

（『エミール』二二一、二二二頁）

道徳への動機として人間の感情を重視したルソーの考えは、ホッブズやヒュームの立場に近いものだった。ただし、ルソーは人間の感情が生まれつきのものであり、そのため、感情のメカニズムは人間には知ることができないが、それでも、道徳のために期待して良いと主張することができた。なぜなら、それは彼が生まれつきの感情を神の創造に結びつけたからである。ヒュームは既存の宗教道徳に何も正当性が認められないと批判した。しかし、彼が擁護する世俗道徳がどんな意味で宗教道徳よりも優れているのかをうまく説明することができなかった。それは、彼が、感情はなぜ道徳にとって有意義であるかという根拠を見出せなかったからに他ならない。

動機としての感情が神の創造に基づくものであることを認めつつ、ルソーは彼らと同じように、人間は感情の成り立ちを理解できないので、人間の道徳が神の精神とは一致しないことを強調する。

「秩序に適った善なるものは、人間たちの規約とは独立して、事物の本性からして善であり、秩序に適っているのである。すべての正義は神に由来するものであり、神だけがその源泉である。しかし人間がこのような高みから［すなわち神から］正義をうけとる術を知っていたのなら、政府も法も必要ではないだろう。」

（『社会契約論』八〇頁）

ルソーはアンシャン・レジームの下で何度も禁書や弾圧を受けたが、生きているうちから市民の政治的権利を重視する多くの人々に人気があった。だからこそ、同じように動機としての感情に注目していたホッブズやヒュームとの違いについて、注意深く検討する必要がある。

ルソーとホッブズの、人間の感情への理解と政治的展望はまったく異なる。ルソーによれば、神の精神を理解できない人間が神の国に近づくためには、一般意志に従う市民が政治組織を作らねばならない。それは、神が人間に与えた道理への愛に基づくことによってのみ可能になる。言い換えれば、有徳な人々による共和主義的政治への期待に他ならない。それに対し、ホッブズは全ての人間の利己心に訴える。彼は恐怖を可能にする絶対権力だけが政治的安定をもたらすと主張した。したがって、二人にとっては、市民の権利と王、国家の権限との関係をどう考えるかが重要なテーマになった。

しかし、ヒュームは、ホッブズやルソーのような社会契約や道徳観を必要としなかった。彼は感情と共感を基盤とする人間の道徳能力を信頼し、所有権を中心とする市民の権利は国家との関係ではなく地域的な慣習によって守られると考えた。ヒュームにとっては、所有権を正しく安定させることが大切であり、調整機構が何であるかということは必ずしも重要ではなかった。彼は政治的な理想としての共和主義を明確に退けている。

ヒュームとルソーは同じように、道徳的な動機としての感情の重要性を掲げていた。しかし、両者の関係を考える際に、ルソーの思想と感情への期待が政治的には「古典的」であり、急進的な性格を持っていたことは重要である。それはフランス革命が恐怖政治に陥ったことからも明らかである。

第Ⅱ部まとめ〝神なき世界〟

アクィナスからロックに至る道徳哲学は、神の支配による秩序の回復を企図しながら、むしろ道徳に神が不要である可能性を切り開いてしまった。それは人間の道徳能力に対する期待の変化でもある。それまでの考え方では、万能なる神に対して人間の道徳能力は不完全でしかあり得なかった。これに対して、デカルト以後の哲学者たちは人間の道徳能力がそれだけで完全であり得ることを明確に打ち出すようになっていく。ただし、道徳に神が不要である可能性が示されてしまった後で、人間の道徳能力の完全性を示すことの意味はそれぞれの論者によって大きく異なる。

一つ目の論点は、ロック以前の哲学者たちも苦しんだ、道徳に神が必要であるかどうかという問題である。これには、スピノザやライプニッツといった主知主義者の方がより積極的に取り組んでいた。人間の知的能力が完全であると主張することは万能なる神への冒涜だと考えた神学的道徳哲学者たちとは異なり、スピノザたちによれば人間の道徳的完全性と万能なる神の支配とは両立するものだった。逆に、政治的な秩序回復を念頭において自分たちの理論を組み立てた主意主義者たちは必ずしも既存の宗教や信仰を良しとはしなかった。道徳に神が不必要なのだとすれば、どのようにして、人間は道徳的に完全であり得るか。このように問題の性格を劇的に変化させた代表的な論者はヒュームであった。

二つ目の論点は、ヒュームの問題提起にすでに示されている。神が必要だと考えるかどうかに関係なく、果たして、人間が道徳的能力において完全であると言えるのだろうか、というものである。スピノザたちは伝統的な主意主義の「分かれば為す」ということを人間の行為に期待できないという批判を克服できないでいた。それに対して、新しい主意主義者たちは道徳的な動機づけとしての感情があらゆる人間に備わっていることから人間の完全性を擁護しようと試みた。しかし、彼らの議論にも問題があった。ヒュームは道徳への動機が重要であることを主張したが、それは感情が動機として完全であると示したことにはならなかった。ルソーも感情を重視したが、感情が完全であると言うためには再び神の創造を持ち出さねばならない。政治的には革命を導いたルソーの理論が宗教的には保守的であり、神学的には革命的だったヒュームの理論が政治的には保守的な理論を導き出したのは大変興味深い。

人間の完全性をめぐる二つの論点において、ホッブズは異色の理論家だった。彼は人間が道徳的であり得ることを、自己保存への欲求とそれに裏付けられた死への恐怖によって示そうとした。彼の理論は人間の道徳に神が不要であることを主張しながら、感情が適切に道徳と秩序を見出すということを早くから指摘していた。ホッブズが優れていたのは、道徳哲学史の主知主義・主意主義論争における絶妙な位置の取り方によってだと考えられる。主知主義と主意主義がそれぞれ理性と感情によったのに対し、ホッブズは恐怖という誰もが理解できる感情を基にすることで、理性と感情両方を自分の理論のなかに組み込むことができたのだ。

しかし、今日の私たちは、カンバーランドとヒュームを再び取り上げることで、ホッブズの理論の問題点を吟味することができる。すでに第Ⅰ部で論じたように、カンバーランドの道徳哲学はホッブズへの反論として展開された。彼はホッブズとは異なり、仁愛に訴えることで、神が支配する秩序を取り戻そうとした。仁愛の原理は最大の幸福を人にもたらすので、誰の目にも明らかな道徳原理となり得る。つまり、その意味で、カンバーランドも道徳的秩序の問題として理性と感情を調和させることには成功していたのだ。もちろん、神学的な保守性を考慮に入れれば、現代の私たちにとっては不要な理論だと切り捨てることもできるだろう。しかし、道徳的秩序のために絶えず恐怖を喚起しなければならないホッブズ理論と、仁愛によって道徳的秩序が可能だというカンバーランドの理論の、どちらがより人々に受け入れ易く、どちらがより受け入れ難いかも良く考えられる必要がある。

確かにヒュームは保守的な道徳しか示すことができなかったかもしれないが、彼の道徳理論は、それでも検討に値する。ホッブズとカンバーランドは理性を駆動する感情がただ一つしかあり得ないことを主張していた。彼らはそのことによって、理性と感情を調和させた道徳秩序が可能なことを示した。しかし、先に述べた通り、二人は恐怖と仁愛という違いこそあれ、単一の道徳原理しか認めなかった。そのため、そうした道徳原理を受け入れることができない人間がいれば、結果として道徳秩序は破綻することになってしまう。そして、そういう人間がいることは大いにあり得る、むしろ、いると考えて理論を組み立てた方が良いであろう。その点、ヒュームが共感や感情を重視したのは、多様な道徳的動機があり得ることを指摘するためであった。これは、理性と感情の両方を重視しなければならなかった当時の状況においてだけでなく、現代の私たちにとっても、理性と感情を一緒に働かせることを考える上で、重要な示唆をもたらしている。

補論2――政治的・道徳的無関心

道徳と倫理の間で

ここまで、近代道徳哲学における理性と感情の問題を通じて、政治参加に関する理論やその問題の構図を源流にさかのぼって探ってきた。しかし、その上で、いささか挑発的な言い方をすれば、そもそも、本当に政治に参加するのはそれほど大切なことなのだろうか、と問うてみたい。理性と感情を政治的に見事に調和させていた時代への郷愁《ノスタルジー》がコミュニタリアンやアレント、セネットに言及する、本来意見の異なる人々の間に共有されているのは不思議なことだ。けれども、実際に、トクヴィルが見たアメリカとはそれほど立派なものだったのだろうか。近代道徳哲学は万能の神を擁護することを重要な課題としていたが、初期キリスト教まで、さかのぼれば、むしろ「政治的に無関心であること」、狭義の政治から距離をとることが人々の信仰や宗教の存続にとって重要であった。そう考えると、これまで取り上げてきた道徳哲学者たちには、ある共通点が見出されることに気づく。彼らは、「善く生きる」ということと「善い政治」との調和を模索していたということだ。確かに、理性の限界や感情の効用について様々な対立があったが、彼らは「道徳」という言葉によって政治と個人の関係を政治の側からだけ考えるのではなく、それとは別の個人のありかたも視野に入れていた。それは「政治に参加すること」「政治によって善い結果を生み出すこと」を主に取り扱う民主政論からは取りこぼされてしまう別の問題である。たとえば、公共という時、人はどうしても「誰もが一緒にいられること」だと考えがちである。しかし、本当は「誰もが一人でいられること」もまた、一つの公共のありかただと考えてよいはずなのだ。

ここでは政治と個人との結びつきを、本書が取り上げてきた道徳哲学者たちとは別の仕方で考えた二人を取り上げようと思う。彼らの議論は、「政治参加」と「政治による結果」の葛藤を描いてきた民主政論に直接参考になるものではないかもしれない。しかし、民主政論が陥りがちな視野狭窄から私たちを解除してくれるという点で、やはり、彼らの主張は私たちにとって耳を傾ける価値がある。

共和国か宗教か（モンテーニュ：フランス）

三十年戦争でカトリック国であるにもかかわらず神聖ローマ帝国と対峙するという独特な立場をとり、それによってフランスは栄光の時代を迎えた。皮肉なことに、このことが、結果としてカトリックと王権の保守連合に対して、他の国には見られない反動的な革命をもたらした。デカルト、マールブランシュ、ルソーといったこれまで取り上げてきた人たちは、誰もが、この激動の時代を潜り抜けてきたと言える。

むろん、だからと言って、フランスがカトリック国としての地位を確立するまでには、長い内乱の時代があったことも忘れてはならない。ユグノー戦争と呼ばれるこの内乱は、他の国と同じ様に、カトリックとプロテスタントの宗派対立や、その対立に便乗した王侯、貴族の間の政治的な覇権をめぐる争いのために、四十年近くもの間、フランスを混乱に陥れた。最終的には、アンリ四世(1553-1610)がカトリックに改宗し、「ナントの勅令」を下した。その結果、一定の条件の下にプロテスタントの信仰を擁護することで内乱は終結する。フランスがカトリック国としての地位を確立するためには、宗教的な宥和を成し遂げる壮絶な前史があったのである。

賢人は正しく生きているか

デカルトは、人間の道徳的完全性、道徳からの神の撤退についての議論の扉を開けてしまった。彼は人間の精神（と身体）の能力を強く擁護した。だが、これは、むしろ、そうした心身の能力がそれまでの論者の多くにも暗黙の内に前提とされていたということだと理解すべきだろう。主知主義者と主意主義者の論争においては、主知主義者の主張がまるで人間に神と同様の理性を働かせることができるような傲慢に見えたことが、主意主義者による告発の発端となった。しかし、だからと言って、主意主義者も人間の理性が有用であることを否定したわけではない。ただ、それが、神に遠く及ばないというだけである。デカルトは、その点に主意主義者の不徹底を感じた。彼は、神の命令さえ人間には理解できないことを指摘しながら、それでも人間の理性が十分であると述べたのだ。

もしも、デカルトの議論をこのように理解するのであれば、さらに、デカルト自身の不徹底を問うこともできるはずだ。それは、人間の理性はそれほど信頼するに値するのか、ということである。のちにヒュームに引き継がれることになる、こうした人間理性への懐疑的な態度は、ギリシアからローマを通じて中世にいたるまで懐疑論として長い蓄積がある。デカルトは暫定的道徳を想定するが、たとえ暫定的だとしても、その道徳が真理に従っているとどうして言えるのか。もっと言えば、懐疑論の代表的論者と思われているヒュームでさえ、まずは自国の法や慣習を守るべきだというデカルトの道徳論から抜け出せていないと言える。理性への懐疑を突きつめていくと、どうしても「理性に何が分かるのか」ということ自体を問わないわけにはいかない。

ミシェル・ド・モンテーニュ（1533-1592）は懐疑論の伝統に従って、道徳が人々の慣習に過ぎないと述べた。だが、伝統的な懐疑論は道徳や真理への懐疑を投げかけるだけだったのに対し、彼は、もしも、全ての道徳が信用できないのだとすれば、人間はどのようにして生きるための指針を確立すればいいのかということを真剣に考えた。むろん、彼は、既存の道徳哲学や賢人の処世訓に学ぶことを否定しない。しかし、モンテーニュは自分で自分を平凡だと認識し自己規定していた。彼にとって、偉人の考え方は偉人だけに通用するもので、彼自身をふくむ平凡な人間にはそのまま引き受けられるものではなかった。

理性が道徳に示すものは、人間が善き生を実践するために直接的に役に立たねばならない。モンテーニュは理性への懐疑的な態度を保ちながら、だからこそ理性に対して強く要求をした。彼のような立場に立てば、もはや多くの道徳哲学者たちが言っていることは聞くに値しない。ソクラテスのような例外を除けば、道徳について語っている哲学者たちは、自らが語っている真理に従って生活しているようには見えないからだ。それどころか、道徳哲学者たちは、自らの理論と実際の生活がかけ離れていることを当然のように受け入れて生きている。これは無知よりもなお悪い態度であるとモンテーニュは非難する。高尚な学説は高尚であるだけでは何の意味も持たないのだ。

「なにがしかの能力を有しているならば、その人はそれを、日頃のふるまいやことばのうちに、愛や争いを処理することに、遊びやゲーム、ベッド、食事に、ビジネスや家の切り盛りに発揮すればいいのです。なんだかみすぼらしいズボンをはいて、りっぱな書物を何冊も書いている人々を見かけますけれども、わたしの忠告を聞くつもりがあるならば、まず自分のズボンを作るべきではないでしょうか。よき兵士であるよりも、よき雄弁家であるほうがいいのかと、スパルタ人に聞いてみてください。わたしの場合も、食事を作ってくれる者がいなければ、よき作者であるよりも、よき料理人でありたいと思います。」（『エセー 5』三五九頁）

モンテーニュは自らが善く生きるために必要なものを得ることで満足した。そして、道徳哲学にかんする著作も含めて人間の経験はそれを提供するに十分なものだと彼は言う。そこから得られる彼の確信は、睡眠、食事、日々の仕事や娯楽など、政治的にはあまり意味がないと思われるかもしれない。しかし、彼はそれで良いと言い切った。人間が自然法や慣習のなかで善き生にかんする一般的な合意を得るという政治的な希望を、モンテーニュはあっさりと捨て去ったのである。言い換えれば、モンテーニュは人々を拘束する道徳から個人の倫理へと撤退したと言える。

こうしてモンテーニュの考えをたどっていくと、これまで、私たちが描いてきた主知主義と主意主義の対立も見え方が変わってくるだろう。人間の合理性を否定するという点では、主意主義者の意見はモンテーニュと一致する。だが、道徳感情を論じた主意主義者たちが強調したのは、人間に政治や道徳に対する動機を期待して良いということだった。宗教的権威と世俗権力の対立にはじまった人間世界の混乱のために理性に対する信頼が揺らぐなかで、道徳能力への信頼を復活させようとしたという点では、主意主義は主知主義と同じ様に、懐疑論とは対立している。この後で取り上げる、マンデヴィルとスミスの関係が典型的だが、感情を中心とする主意主義は、主知主義に対する攻撃を踏まえた上で、道徳を擁護しようとするものだった。人間の理性は利己的な欲求に従っているに過ぎないという非難に対して、ヒュームやルソーは感情や欲求の道徳的な可能性を論じることで、理性を救おうとしたのだ。主知主義と主意主義は政治と道徳を擁護するという点においては相互補完的であったということができる。もちろん、モンテーニュからすれば、そうした態度は、理論と実践の両方において不徹底なものにしか見えなかったであろう。

逆に、政治的な問題に関心の強い人間から見れば、モンテーニュの倫理は人間世界において仙人のように生きようとする不可能なこころみに見えたかもしれない。しかし、後に生まれたグロティウスたちが「道徳」にあれほどこだわったことを考えてみるなら、モンテーニュの倫理学はやはり先駆的なものだったと言えるだろう。なぜなら、善き生について万人の合意が得られないことが明白な時代において、人々を互いに拘束する法はどのようにして可能かという政治的な問題から、モンテーニュは倫理や道徳を切り離すことに成功しているからだ。実際のところ、彼は世捨て人だったわけではない。むしろ、国内のカトリックとプロテスタントの融和に努めたために、宗教者たちからは無神論者として非難を受けることになったのだ。その意味でも、モンテーニュの倫理学と彼が問題としようとしたことは、現代においてこそ検討されるべきだろう。

不道徳な繁栄（マンデヴィル、アダム・スミス：イギリス）

道徳からの神の撤退という問題が浮上するのと同じ時期に、感情が行為の動機として注目されるようになっていったことは、すでに述べた通りである。その代表がヒュームとルソーだった。彼らはもちろん優れた思想家である。しかし、道徳哲学として見る時、彼らの理論にも問題がなかったわけではない。人間の道徳能力を擁護するのに、人の感情が十分なものかどうかということに彼らは端的に答えることができなかったからだ。だが、この問題について、「経済学の父」と言われるアダム・スミス（1723-1790）は人間の感情が道徳に十分なものであると言い切る。

これまで理性と感情について考えてきたが、感情を重視する者のなかから経済学が発展していったということの意味をどのように考えればよいだろうか。神の権威の失墜という意図しない結果を招いたとは言え、主知主義と主意主義について論争を繰り返してきた近代の道徳哲学者たちが、人間世界と神との関係に強い関心を持っていたことは間違いない。初期の主知主義者たちは宗教が人間世界を神が望んだあり方に作り変えること、より良い秩序をもたらすと主張することに何のためらいもなかった。ところが、論争が進むにつれて、主知主義者も主意主義者も人間が神の意図した世界の秩序をもたらすという希望を手放すようになっていく。もちろん、モンテーニュのように倫理に撤退する者を除けば、それは人間世界のより善き姿に関心を持たないということではなかった。

では、何が人間世界に秩序をもたらすのか。ホッブズは市民社会が世界に混乱をもたらすと考える立場から絶対王政を擁護した。それに対し、ロックは市民社会に道徳的な社会秩序が可能であることを人間の経験から主張した。しかし、ロックの、国家から独立した政治領域としての市民社会理解は、アダム・スミスにとって不十分なものでしかなかった。なぜなら、スミスには、市民社会の拡大は国家から独立した経済領域＝市場による私的利害の調整によると考えられたからだ。これはスミスの生きたイギリス社会の姿を反映したものでもあった。イングランドを含めた、十七世紀のヨーロッパ諸国において、支配的な財政方針は重商主義であった。これは、貴金属の供給量が限定されている状況で、国外市場や貿易差額を重視し、国庫に保有する金銀の量によって国力が換算されるという国家間のゼロサムゲームを人々は想定していたということである。重商主義は絶対王政を支える思想的基盤の一つであった。その影響力の強さはイングランドに共和制を確立したクロムウェルでさえ重商主義を擁護した点からも分かるだろう。しかし、十八世紀になるとフランスの重農主義をはじめとして、国内市場の繁栄こそが国民の繁栄であり国力の増加であると考える人々が現れるようになる。国家による富の独占は市民を非人間的な労働に追いやってしまう。だから、国家は財産権の保護を図るだけでなく、市民が自由に生産・経済活動を行なうことで市民社会の拡張を助けるべきであるという考えがスミスによって確立された。神のように世の繁栄を見通せないことが、道徳哲学をめぐる論争のなかで明らかになるのと一緒に、まるで入れ替わるかのように、たとえ、見通せないのだとしても、人々は自らの感情を中心とする道徳能力に従うことで人間の世界に秩序と繁栄をもたらすことができるというスミスの経済学が登場したのだ。

もちろん、「神の見えざる手」という有名過ぎる言葉からも分かる通り、スミス自身は人間世界の繁栄に神が不要であるとは考えていなかった。彼にとって、ほとんどの場合において愚かである市民たちが自由に経済活動を行なうことで社会に繁栄をもたらすことができるのは、あくまで神が人々にまともな道徳感情を持つようにしているからに他ならない。市民一人ひとりは、この世に繁栄＝神が意志する最高善をもたらそうなどとは思いもしないのだ。

「われわれの道徳的諸能力のさしずにおうじて行為することによって、われわれは必然的に、人類の幸福を促進するためのもっとも効果的な手段を、追求するのであり、したがってわれわれは、ある意味では、最高存在に協力し、神慮の計画をわれわれの力のおよぶかぎりおし進めるのだと、いっていいのである。」

（『道徳感情論（上）』三四六、三四七頁）

したがって、こうしたスミスの主張を、「人々がみな利己的に振る舞っているように見えても結局は神の見えざる手によって世界に繁栄がもたらされる」と考えることはできない。スミスはあくまで人々が「道徳能力の指図に従って行為する」限りで、世界に繁栄が訪れると主張しているのだ。神を信じていた彼にとって、「道徳能力の指図に従って行為する」ことは容易なことに思われた。スミスは行為の動機として感情を重視したが人間の精神の内に公平な観察者が宿っていること、そして、その観察者が人々の感情と理性を適切な道徳的行為へと導くと主張した。これは、ヒュームが人間の共感能力を通じて道徳的完全性を擁護したのと同じタイプの議論である。もちろん、それによって人間の利己心が否定されるわけではない。そうではなく、彼にとっては、利己心も人間の重要な感情なのである。だが、同時代の道徳哲学者が神の権威への戸惑いを隠せなかったことを考えると、道徳能力を行使することが人間世界に秩序と繁栄をもたらすという、スミスの確信の強さは驚くべきものだ。それは、スミスがバーナード・デ・マンデヴィル（1670-1733）に向けた非難を見れば明らかであろう。スミスはマンデヴィルの著作『蜂の寓話』を「堕落した思想」として、こう述べる。

「しかしながら、ほかにいくつかの体系があって、それらは、悪徳と徳との区別をまったくとりさるように思われ、そしてその理由で、まったく危険な傾向をもつのである。私は、ロシュフーコー公爵の体系とマンドヴィル博士の体系のことをいっているのだ。これらの著者の双方の諸見解は、ほとんどあらゆる点でまちがっているとはいえ、しかしながら人間本性におけるいくつかの現象は、一定のやり方でみられたばあいには、一見したところではかれらを支持するように思われる。これらが、最初はロシュフーコー公の優雅と繊細な正確さをもって、かるく素描され、あとでマンドヴィル博士の粗野でいなか風ではあるがいきいきとしてユーモアのある雄弁をもって、もっとくわしくえがかれ、かれらの学説に、不熟練者をたいへん欺きやすい真理ともっともらしさの雰囲気をあたえていたのである。」

（『道徳感情論（下）』三一六頁）

マンデヴィルと同時代に生きたカンバーランドは、仁愛が実践者に最も大きな幸福をもたらすと主張した。カンバーランドだけでなく、他の多くのものにとっても、利己心や自分だけの幸福を求めることは他人を顧みない非道徳的な振る舞いをもたらすと考えられた。他方、それと同じくらい大勢の哲学者が、利己心や幸福が道徳的な行為と矛盾なく、整合的な形で人間に与えられるだろうということを論じようとした。だが、マンデヴィルは、人々はむしろ悪徳的でよいと断言する。

「かように各部分は悪徳に満ちていたが

全部そろえばまさに天国であった。」

（『蜂の寓話』一九頁）

『蜂の寓話』はきわめて強い社会風刺だ。人々は悪徳を毛嫌いし、できる限り滅ぼそうとする。ところが、悪徳なしには社会の繁栄などは考えられない。利己心や贅沢、犯罪、それらがすべて排除されてしまったとしたら、様々な形でそれらの悪徳に取り組んできた仕事の担い手たちは失業してしまう。悪徳が失われた平和な世界とは、きわめて少数の人間が生き残ることのできる財しか生まない世界だろう。こうした見解が、スミスをはじめとする道徳哲学者たちにとって道徳に対する冒涜として受け止められたことは想像しやすい。

非難されたマンデヴィル本人はどう考えていたか。実のところ、彼はあえて道徳を挑発しようとしていた可能性がある。たとえば、彼は道徳の起源を次のように説明している。人間は様々な欲求を持って生まれてくるが、そのなかには権力に対して異常なまでの欲求を抱くものもいるだろう。そして、権力欲の強い者は人間が様々な欲求を持っていることを知っているから、自らがどんなに強い力を持っていたとしてもそれだけでは他人を支配できないということを理解するにちがいない。そこで、権力を欲する者は自分の力を蓄えるだけでなく、周囲の人々の自尊心をくすぐり、人間にはよりすぐれた生き方があること、善く生きることのできる者に従って自らの欲求をコントロールする生き方の方が道徳的にすぐれているというようになるだろう。こうして、力と扇動的な言葉の両方によって、人々は権力者の「道徳の物語」を信用し、最終的には支配体制とそれを支える道徳が完成する。マンデヴィルはこのようにして道徳が支配のための偽善的な道具に過ぎないと言う。

もちろん、マンデヴィルも悪徳をそれ自体でかばおうと思っていたわけではなかった。道徳が偽善であるという彼の主張は、一見すると過激なようだが、感情を理性によって制御すること、道徳が人間によって作り出されたものであること、徳が支配的秩序をもたらすこと、など、一つひとつをとってみれば、道徳哲学史のなかで同じことを述べた者が数多くいた。にもかかわらず、彼がこれほどまでに非難されたのは、道徳哲学内での近親憎悪とでも呼ぶ他のないようなものがあったのかもしれない。

要するに、マンデヴィルはある種の義憤に駆り立てられていたのだ。いつの時代も、貧困に生きる者たちにとって酒や売春は限られた楽しみであった。だが、十七世紀末期以降、そうした快楽が貧困を招くのだから、彼らに欲求を慎ませるべきだという主張がでてきていた。マンデヴィルからすれば、こうした考えは問題の原因と結果を取り違えたものに他ならなかった。むろん、なかには、心からそう信じていた善良な人もいたかもしれない。しかし、おそらく、こうした欺瞞を知りながら、その上で、困窮者を道徳的に威圧するような態度に出ていた人間も少なからずいたであろう。それは、歴史上、数限りなく見られる権力や支配の巧妙さを考えればむしろ当然なことだ。マンデヴィルにとっては、偽善を指摘し、批判することこそ、困窮者のために自分がしなければならないことだと思われたに違いない。

モンテーニュにせよ、マンデヴィルにせよ、彼らが書き残したテキストが示しているのは人々が政治や道徳に「無関心」であることの重要性である。モンテーニュは倫理への撤退によって、マンデヴィルは悪徳が生み出す繁栄によって、たとえ政治や道徳がなかったとしても人生や世界がよくあり得るということを主張した。こうした、彼らの議論は、「政治参加」と「政治の結果」ばかりを急いで論じようとする民主政論に疑問を投げかける。

また、ふたりが政治的・道徳的無関心をとなえた背景もよく考えてみる必要がある。モンテーニュはカトリックとプロテスタントの抗争が激しくなるなかで、同業者である哲学者にさえ権威を認めないで、平凡な人々が善き生をおくることができるような宥和の可能性を探ろうとしていた。マンデヴィルは困窮者をさらに追い詰める社会的な風潮に抵抗するために寓話を用いた。彼は、悪徳をそれ自体で擁護することの難しさを良く知っていたし、本当に悪徳が繁栄に結びつくのかにかんしてもおそらく疑いを持っていた。では、なぜ、彼らは危険を顧みず政治的、道徳的に無関心であろうとしたのか。本書の冒頭で、初期キリスト教が非政治的な集団であることによって、宗教生活を維持したことを思い出してほしい。ユダヤ教が政治的にならざるを得なかったの対し、その困難を目の当たりにした初期のキリスト者たちは政治から距離をとる必要があった。彼らにとって政治的無関心を装うことは極めて政治的なことだったのだ。

そう考えると、理性的であれ感情的であれ、政治的なものを避けたいという気持ちを、単なる怠惰や無知のせいにしてしまうと大事なものを見落としてしまうことになることが分かるだろう。政治的なものを避けたいと自分自身が感じる場合、そうした忌避感と向き合うことで、モンテスキューやマンデヴィルは、倫理への撤退や、悪徳という別の形の道徳を擁護することへたどり着いた。ふたりの思考は、まさにそうした思考が可能であるような政治への希望と分けることができない。一見、他人が無関心なように見えたとしても、それは既存の政治に対する消極的な異議申し立てかもしれない。それをデカルトのように単に相手の無知とみなすか、それとも、むしろ、自分たちのほうこそ既得権益にしがみついているだけではないかと、自ら振り返ってみるかは、私たちの選択にゆだねられている。そして、こうした模索そのものもまた政治的なプロセスだと言えるであろう。「政治から切り離された個人」という問題設定そのものが高度に政治的なものであることを、私たちは忘れてはならない。

補論3――民主主義と親密圏

なぜ、ワシントンは皇帝にならなかったのか。（トクヴィル：フランス）

これまで近代道徳哲学における理性と感情、主知主義と主意主義をめぐる論争を概観してきた。その歴史をたどれば、宗教的な権威の擁護が議論の発端にあったことや、結果として、神と人間、理性と感情の適切な関係を導けなかったとしても、道徳的な秩序を考えようとするものが参照すべき豊かな知的な蓄積であることが分かる。

では、彼らが切り開いた近代、そして現代の民主政論においてそうした理論的な蓄積と課題ははたして克服できたのであろうか？

そこで、次に、民主政国家アメリカをめぐる議論を紹介して、近代道徳哲学史が私たちに投げかける問題の重みを考えてみたい。

革命と反動を繰り返したフランスに生まれたアレクシ・ド・トクヴィル（1805-1859）にとって、近代的な個人の平等は皮肉なことに国家への隷従をもたらす危ういものに思えた。平等を保証された個人は他人を自分と類似した存在だと考え、自分はいつも多数者の側だと思ってしまう。そのため、具体的に自分の心身を拘束されるようなことでもなければ、自分たち（多数者）が支配する国家が間違えるなどとは思いもしないからである。

「平等の時代には人々はみな同じだから、お互いに誰かを信用するということが決してない。だが、みな同じだからこそ、人びとは公衆の判断にほとんど無限の信用をおくことになる。なぜなら、誰もが似たような知識水準である以上、真理が最大多数の側にないとは思えないからである。」

（『アメリカのデモクラシー　第二巻（上）』二一九、二二〇頁）

「多数者の専制」と呼ばれるこうした問題は、実際に、革命の結果として「人民の皇帝」というナポレオン独裁を生んだフランスにとって重大であった。だからこそ、トクヴィルは「多数者の専制」に陥らない民主主義がアメリカで実現されていることを発見して驚いた。アメリカ市民は、近代的な個人の平等を享受しながら、自らの理性、自律の能力を行使することを重視し、多数者の専制を許さない。彼には、アメリカ市民が政治において私的な利益と公益とをともに実現しているように思えた。フランスでは非常に困難に思われた民主主義が、なぜアメリカでは可能なのか。トクヴィルはそこに二つの特徴を見出す。一つは、アメリカの地理的条件である。ヨーロッパは複数の国が入り組んでおり、動乱なしに市民権の拡大を中心とする近代化を進めることができなかった。しかし、アメリカは国家の確立や維持において、隣国からの干渉を気にすることとなく内政に集中できた。もう一つは、アメリカへの移住者の同質性だ。彼らは異なった目的を持って渡米したが、極めて似た境遇にあった。フランスでは、権利としての平等に基づく同質性への期待が「多数者の専制」をもたらしたのに対し、アメリカでは実際に均質な人々が集ったのである。

だから、アメリカは高度な民主主義を実現しながらも、国家が中央集権的な行政権力ではなく、地方分権と人々の自治の上に成り立っていた。そして、人々は強い感情的連帯を有しているように思われた。

「アメリカで私がいちばん感心するのは、分権の行政上の効果ではなく、その政治的効果である。合衆国では祖国の存在が至るところで感じとれる。村のレベルから連邦全体に至るまで、人はこれを思ってやまない。住民は郷土の利害の一つ一つを自分自身の利害としてこれに執着する。国民の栄光を誇りとし、国民の収めた成功を自分自身の成果のように思って、鼻を高くする。全体の繁栄を喜び、自分もこれに便乗する。祖国に対するその感情は人が自分の家に対して感ずる感情に似ており、しかも国家に対して関心を寄せるのは、なおある種の利己主義によってなのである。」

（『アメリカのデモクラシー　第一巻（上）』一五〇頁）

この感情的連帯は合理的な政治にとっても重要である。合衆国の制度を取り入れようとしたメキシコでは、感情的連帯がなかったせいで軍事的専制と無政府状態を繰り返した。このことは、合理的な制度を設計さえすれば感情的連帯は不要だ、とは言えないことを明らかにしている。かつて、ホッブズ、ヒューム、ルソーたちは政治的な動機としての感情の重要性を主張したが、理性と両立できる形で感情を論じることは現実の政治を考えると、極めて困難な課題だった。トクヴィルも彼らと同じように悩んだ。当時のフランスの状況から言っても、理性と感情を両立させる形で論じることは難しかった。トクヴィルはその困難に直面するなかで、民主主義への希望をアメリカに見出したのであった。

共同体主義と親密さの変化（アレント、セネット：アメリカ）

トクヴィルが期待したアメリカの民主主義だが、現代ではしばしば公共的な空間の衰退に対して警鐘が鳴らされている。特に公共圏の危機を訴えてきたのがコミュニタリアンだ。彼らは市民的な政治参加を要求する。彼らは、個人主義がアメリカの民主主義を崩壊させてきたのだと考え、リベラリズムやリベラルな社会観を批判した。個人主義は市民生活から人々を退却させ、人々が自分の利害だけを考え公共的な判断を下さないようにしてしまうというのがコミュニタリアンの主張だ。アメリカの民主主義に対する評価は異なるが、現代社会に公共圏の衰退を見出だすのは、ハンナ・アレント(1906-1975)からリチャード・セネット(1943-)まで多くの論者に共通する。

ただし、公的領域の溶解に対してどうするべきかという問題については考え方が分かれている。コミュニタリアンは、人々を政治的に動機づけるために、親密な関係に基づいた小さなコミュニティに期待してきた。親密な関係においては、自らの利益に反しても自分の振る舞いを適切に判断し行動できる。実際、アメリカ人は多くのボランティア団体を立ち上げていて、親密な関係が市民的行動を支えることができる根拠だと考えられている。そうだとすれば、親密な関係を作る過程と、そうした関係によって生み出される市民的な集合行動を通じて、人々が正しく国家権力を牽制することが可能になるというわけだ。コミュニタリアンは、近代合理主義が安易な個人主義になった結果、人々の政治的動機づけを失わせてきたのに対し、親密な共同体こそが政治的動機づけを担保すると考える。

しかし、これには、もちろん批判もある。親密な共同体における政治的動機に対するコミュニタリアンの期待が、むしろ現実の政治的動機を損なっているのではないかというのだ。

ハンナ・アレントが古代ギリシアに倣って、公的領域と私的領域の区分の消滅を危惧したことは有名である。彼女が社会的なるものの勃興と呼んだ「公的領域と私的領域の区分の消滅」は私的利害を直接的に公的領域＝ポリス＝政治へと持ち込むことによって生じる。
つまり、コミュニタリアンが公的領域の消滅に対抗する形で親密な共同体に希望を託したのに対して、アレントは、むしろ、反対に、親密な共同体の膨張こそ公共圏の衰退の表れだとする。彼女は公共圏の衰退を次のように指摘している。

「近代の平等は、このような画一主義にもとづいており、すべての点で古代、とりわけギリシアの都市国家の平等と異なっている。かつて、少数の「平等なる者」（homoioi）に属するということは、自分と同じ同格者の間に生活することが許されるという意味であった。しかし、公的領域そのものにほかならないポリスは、激しい競技精神で満たされていて、どんな人でも、自分を常に他人と区別しなければならず、ユニークな偉業や成績によって、自分が万人の中で最良の者であること（aien aristeuein）を示さなければならなかった。」
（『人間の条件』六五頁）

では、なぜ、この指摘がコミュニタリアンに対する批判になるのか。彼女の主張は一見、人々の私的な動機を退けているように思われる。しかし、私的な動機は私的なものに過ぎず、政治的な動機と呼ぶに値しないというのがアレントの診断なのだ。したがって、「ユニークかつ対等な人格の競技」つまり、人々が互いの価値観を無関心にやり過ごすのではなく、競技的関心を互いに持ちつつも適切に距離を測ることが政治あるいは公共圏に相応しいとアレントは主張する。

　リチャード・セネットの場合、アレントとは少し異なる。彼もアレントと同じようにコミュニタリアンの親密圏に対する期待を批判したが、彼女のように公共圏の復権と政治的動機を直接結びつけなかった。セネットも近代社会が公共空間を衰退させ、人々を政治的に無関心にしてきたと考えた。しかし、彼はコミュニタリアンやアレントのように消費経済の浸透や経済的領域が、公共空間の衰退の根本的な原因だとは主張しない。そもそも、アレントはかつてのギリシア市民をモデルに、私的領域を生存の必要性からだけ理解し、公的領域よりも劣ったものと考えていた。これに対して、セネットはローマに倣って私的領域にも固有で、そして公共圏と同じくらいの価値を見出している。

> 「しかし、ローマという過去と現在とでは、それ（引用者注：公事）に替わるもうひとつの選択、私生活の意味が異なっている。私の場においてローマ人たちは公的なものに対置するべき別の原理、すなわち、世界の宗教的超越に基づく原理を求めた。私の場でわれわれが求めるのは、原理ではなくて内省であり、自分の心はどうなのか、自分の感情で真正なものは何かの想いなのである。われわれは私的であること、自分自身とだけいること、家族や親し

い友人たちとのみいることそれ自体をひとつの目的とすることに努めてきたのである。」
（『公共性の喪失』一六頁）

問題は親密圏やナルシシズム的文化だけを重視し、経済的関係へと拡張させていくことにある。その場合、親密圏に多大な関心を寄せることが、公的領域と私的領域の境界を溶解させることになってしまう。したがって、セネットはコミュニタリアンのように親密な関係に政治的動機を期待すべきではなく、むしろ親密な関係は政治に対置されなければならないと考える。彼が、近代において公的なものと私的なものの区別が崩壊したと言う時、それは、アレントが言うような公的なものと私的なものの溶解に留まらない。むしろ、区別の溶解によって「公的なもの」と「私的なもの」それぞれの特徴が機能しなくなってしまうことが強調されている。

「今日支配的な信念は、人と人との親密さは道徳的善であるということである。今日支配的な熱望は、他人との親密さ、温もりの経験を通じて、個人の個性を発展させたいというものである。今日支配的な神話は、社会の悪はすべて非個人性、疎外、冷ややかさの悪として理解できるとするものである。これらの三つを合わせたものが親密さのイデオロギーである——すなわち、あらゆる種類の社会関係は、それが個々の人間の内的な心理的関心に近づけば近づくほど真実で、信頼でき、真正なものである、と。このイデオロギーは政治的カテゴリーを心理学的カテゴリーに変質させる。」（『公共性の喪失』三六一頁）

つまり、あらゆる物事を自己に関連づけられるようになると、逆に「自己同一性の確立」と「自己の外部との接触」の契機が失われてしまう。その結果、私たちの生活はあらゆる局面において、公的領域と私的領域の確立ではなく、単なる個人の経験や感情の追求になってしまうというのだ。

したがって、親密性の偏重あるいは親密圏への政治的期待は「自己の外部との接触」という意味での市民性をもたらさない。コミュニタリアンが期待するボランティア活動も、多くの場合、観念的な「親密さ」のイメージが実体化されただけで、「政治的な」動機づけにならない。この点においてセネットは、アレント同様、コミュニタリアンの政治に対する考察の不徹底や欺瞞を批判していると言うことができる。実際、デイヴィット・トルーマン（1913-2003）の政治的多元主義を見ると、彼ら二人の指摘は、極めて真っ当に思われる。

多元主義とは政治、道徳的な原理の複数性を認める立場のことである。言い換えれば、様々な文化的背景を持つ現代世界では、もはや正義に適った政治的判断を一つに決めることはできないだろうということだ。そして、トルーマンは政治的な多元主義が避けられない状況において、人々が利益団体を通じて公共的問題にコミットすることの重要性を説く。つまり、万人が納得できる原理はこの社会に見出せないのだから、価値観の異なる集団それぞれが各々の価値観に合った利益団体を動かすことで、妥協の道を探すしかないというわけである。一見したところ、彼は市民の政治参加を要求しているようだが、実はそうではない。トルーマンは人々の政治参加を利益団体の政治活動に限定することで、市民の政治活動を調整する中立的な制度と政治的エリートを要請しているのだ。こうして、結局のところ、コミュニタリアンたちが期待する親密性に支えられた「市民文化」は、政治的エリート主義者が望む市民の非政治的化と変わらなくなってしまう。ジョン・エーレンベルグ(1944-)は次のように指摘している。

「民主主義の古典的理解が奇妙に転倒され、民主主義には、いまや政治的無関心や非参加主義の拡大が要請されたのである。市民文化は、大きな政治的ヴィジョンを地域的利害に限定することにより、共産主義の危険な政治動員に対する対抗策を提示しえたのである。」

(『市民社会論』二八三頁)

もし利益団体が人々のあらゆる政治的な要求を汲み取り、中立的な制度にその解決を要請するのであれば、まだ良い。しかし、実際に、多元主義者たちが最も大きな魅力を見出していたのは、利益団体と政治的エリートによる政治が、人々の政治的要求を利益団体間の競争のなかに埋没させ、大きな政治課題や政治指針を掲げるリベラル勢力が人々を結集させることを阻止するのに有効だというところであった。こうした考えは米ソの緊張関係が続くなかで、アメリカにおける階級間の分裂を防ぐという点でも有力な政治理論として理解された。したがって、政治的動機づけのために親密な関係を守ろうという、コミュニタリアンたちの希望は、常に、理性的＝共通善を先取りした政治的エリートの政治的設計によって回収される危険がある。こうした問題は以前から指摘されている。それは、コミュニタリアンによる公共圏衰退への危惧や論争よりも早い。たとえば、グラント・マッコネル（1915-1993）はトルーマンに対する批判を早くから展開した。マッコネルは当時進んでいた政治的な地方分権（脱中央集権化）がかえってエリート主義的政治をもたらす危険性に気づいていた。彼によれば、人々が互いに親しくない「多様な人々」として政治的に組織されることはとても難しく、地域による強制的な組織化の方がはるかに易しい。だから、地域の有力者が政治的権限を自分に集めるのが、どんなに簡単であるかを人々は理解すべきだとマッコネルは言う。また、近年では、ジェーン・マンスブリッジ（1939-）たちの調査によってコミュニタリアンたちが期待しているタウン・ミーティングが、極めて限定された条件の下でしか有効でないことが指摘されている。つまり、タウン・ミーティングのような直接民主主義は、人々の利害関心が明確で、しかもメンバーの同質性がある程度保証されていなければ、多くの人は議論によって生じる人間関係の軋轢や気まずさに耐えることができず、その結果、地域の有力者による誘導になってしまいがちだということだ。アメリカ民主主義に憧れながら、それがどれほど奇跡的であるのかを論じたトクヴィルの指摘は、現在においてもなお重要なものだということができるだろう。

また、エリート主義的政治への逆説的な貢献とは別に、親密圏に根付いた政治的動機がコミュニティに共通善さえもたらさなかった例もある。ロバート・パットナム(1940-)もこれまで挙げてきた論者同様、強いアメリカを成立させた市民的つながり(社会関係資本)の衰退について、『孤独なボウリング』で論じている。彼は一九五〇年代から六〇年代にかけてのアメリカが、親密な関係によって公民権運動をはじめとする市民的生活を成熟させていった時代だと振り返っている。しかし、その時代は公民権運動が必要とされたことからも明らかなように、女性の家庭への拘束や人種隔離、マッカーシズムによる「赤狩り」(反共産主義)が吹き荒れる時代でもあった。これらは、必ずしも先に述べたようなエリートによる政治的動員によって生じていたわけではなく、むしろ逆に、親密なコミュニティに対する政治的介入が必要とされたケースも少なくなかった。残念なことに、コミュニティの「みんなで決めること」が、必ずしも「みんなにとって善きこと」をもたらすわけではないということだ。だとすれば、アメリカの歴史から考えても、親密な関係によって適切に政治的な動機づけができるようになると主張することは難しい。しかし、だからと言って、政治的動機づけを再び国家が担えば良いというわけにはいかない。そうした動員が無効であるばかりかしばしば有害であることは、これまで見てきたことからも明らかだからである。

終　章　再び宗教化する社会——ヴェーバーとは違ったやり方で

現代の政治において、人々の理性的な振る舞いや感情的な衝動との関係をどのように理解すれば良いのか。この問題は、民主主義において政治参加（「みんなで決めること」）と共通善（「みんなにとって善きこと」）との関係をどう構想すればよいのか、と言い換えることもできる。古代ギリシア、そして近代以降における政治哲学においては、政治参加と共通善のどちらを強調するべきか、ということが重要な争点になっていた。あるいは、どうすれば二つを両立させられるかということが理論的かつ実践的な課題になっていたとも言えるだろう。

だが、短絡的に古代ギリシア哲学へと回帰してしまう私たちの期待に反して、むしろ、そうした問題が問われることのなかった中世ヨーロッパ世界にこそ、その解決のヒントがあるのではないか。つまり、キリスト教による政治―宗教的な支配は人々を善に向けて正しく導いていた、と考えてみること。そのように仮定してみると、理性と感情の問題に直面している、私たちの世界が、古代ギリシアの復活によってではなく、中世ヨーロッパの崩壊によって生まれてきたことこそ考えるべきなのではないか、ということが分かってきた。そこで、本書では教皇権が世俗権力の台頭によって揺らいでいった時代の道徳哲学の足跡から、現代的な課題を引き取ろうとしてきたのである。

簡単に本書の内容を振り返っておこう。世俗権力の台頭と世俗世界の混乱に対して、その処方箋を最初に求めたのは他でもない宗教的権威を重視する人々であった。スアレスやグロティウス、カンバーランドはキリスト教自然法思想の大家であったトマス・アクィナスに従い、神が定めた「この世の法」を人々が理解することが、世界を混乱から救う方法だと主張した。これが伝統的かつ神学的な主知主義の立場である。これに対して、宗教よりも信仰を重視せよと宗教改革を唱えたルターの影響の下、たとえどのような法が必要かを理解できなくても、神によって下された命令を守ること、道徳的な理性よりも道徳への動機を重視するプーフェンドルフやロックたち主意主義者が反論を繰り広げる。主知主義者は、人間は不完全だと言いながら神の法を理解できるという欺瞞を批判され、主意主義者は、神のことは分からないと言いながら道徳に神が必要だと立証しようとする矛盾に行き詰まった。彼らはみな、万能なる神を擁護しようとして、人間の不完全さという観念から逃れられず、そのために、不完全な人間に道徳的世界が可能であるという積極的な主張ができなくなってしまった。それに対して、人間の道徳的な完全性を訴える論者が主知主義、主意主義の両方から現れる。主知主義で、そうした役割を担ったのが、スピノザ、マールブランシュ、ライプニッツらであった。その論じ方には大きく違いがあったが、神と道徳的に完全な人間とが理性の行使によって両立可能になると考えた点において、二人は共通していた。しかし、主意主義による批判の要点は人間が知識によって道徳的な行為へと向かうという想定は不可能だということであり、スピノザ、ライプニッツも、この批判を克服できたとは言えなかった。これに対して、主意主義を発展させたのが、ホッブズ、ヒュームやルソーたちである。彼らは道徳的行為への動機に関する理論を洗練させるなかで、人々の感情が道徳に十分であることを論じた。しかし、感情が道徳に十分であるなら、なぜ道徳に神が必要なのか。こうして、道徳と神の結びつきを擁護しようとしてはじまった主知主義と主意主義の論争は、意図せざる結果として、道徳が人間の問題であることを明らかにした。それだけでなく、理性と動機、理性と感情の齟齬という問題を私たちに残したのである。

このような本書の見取り図から、どのような現代的な課題を引き取ることができるだろうか。シャピロが述べたように、私たちが理性と感情の双方を重視すべきなのだとしたら、近代道徳哲学の勃興は何を示唆するのであろうか。

一つ考えられるのは、宗教的な権威の復権である。トクヴィルと同時代、近代道徳哲学の展開によって神が追放された後の時代に、キルケゴール（1813–1855）はなお神の権威を立て直そうと模索した。それは単に彼の信仰心から来たものではない。彼は、人々が長い間依拠してきた伝統的秩序が崩壊し、近代社会を前にニヒリズムが蔓延する状況に対して、「人間を、無を前にした絶望から、信仰への絶望的な飛躍を通して「神の前」に立たせることによって、立ちなおらせようとした」。なぜならキルケゴールは、「ただ神のみが無から有をふたたび生ぜしめることができるのであって、有限的な人間にはそれができない」と考えたからである(『キルケゴールとニーチェ』一七、一八頁)。おそらく、キルケゴールのように、宗教的権威の復権を人々が望み、一つの権威の下に集うなどと考える者は現代の日本においてはまずいないであろう。しかしながら、宗教的権威とは形を変えて、政治的な象徴に期待する議論は、今でもなおある程度の力を持っているように思われる。特に、理性よりも感情の政治的役割を強調する議論において、感情を突き動かすシンボルは不可欠な存在である。たとえば、政治学者の吉田徹は「人びとの感情や情念が対象への働きかけの原動力として活用されるためには、政治シンボルを核に、政治的言説やそこで用いられるレトリック、共同体の儀礼を通じて感情が政治的に掘り起こされ、覚醒する必要がある」と述べている(『感情の政治学』五二頁)。もちろん、こうした議論においても、感情を重視する政治理論が政治的な抑圧や独善的な支配に利用される危険性が省みられている。しかし、感情が危険だからと言って、政治―道徳的に生きるためには感情が否定的な作用しか及ぼさないというのは、人々の動機を無視した空論に他ならない。それは、まさに、近代道徳哲学によって論じられてきたことであった。

「もし共同体に資する政治シンボルというものがあるとして、そしてそのシンボルを作り上げる政治的言説が必要とされているとするならば、それは「共感」という地平を死守することが条件となるだろう。」
（『感情の政治学』五五頁）

人々を適切に政治へと仕向けるシンボルと共感を掲げる議論の源流を、仁愛論を唱えたカンバーランドに求めるのはそれほど難しいことではないはずだ。そして、現代において私たちが唯一の神の下に集うことが不可能だとしても、また、実際のところ神というものが人々の争いにおける単なるシンボルになってしまっているとしても、宗教的権威によって政治参加と善き生を調停しようとする営みが行なわれていることは無視すべきではない。

むしろ、宗教的な権威やそれに替わる政治的な象徴が、現代の民主政論にどのような示唆をもたらすのか批判的に検討するべきであろう。キルケゴールにとってすら、宗教の復権は宗教的権威の失墜が明らかになったからこそ必要とされたのだ。それにもかかわらず、安易に政治的なシンボルが人々を適切に導くという期待を抱くことは、感情や政治参加への動機を重視する論者たちにとっても望ましくない事態であるはずだ。

キルケゴールが伝統的な秩序、神に対する信念から近代社会の到来を批判したのに対して、マックス・ヴェーバー（1864-1920）は近代社会それ自体に内在する特有の両義性を指摘することで、宗教的権威とは別の可能性を私たちに開いている。「われわれは文化的存在であり、世界に対して意識的に態度を決め、世界に意味を与える能力と意志をもつ」（『職業としての政治』九三頁）。このような人間理解が、スピノザ以降の人間の道徳的完全性に対する期待の延長線上にあることは繰り返すまでもない。ヴェーバーはヒュームと同じように、近代における人間の道徳能力が宗教を不要としていることを宣言した。それは人間に自律性を認めることであり、宗教による蒙昧から人間を解放する近代社会はその自律性によって特徴づけられる。ところが、ヴェーバーによれば、個人の自律性は近代社会にとっての十分条件ではなく、それどころか、近代社会は、個人の自律性が十分に活性化し得るような意味と価値の基盤になり得ないのである。『プロテスタンティズムと資本主義の精神』の末尾に付された有名な一節を引いておこう。

「今日では、禁欲の精神は――最終的にか否か、誰が知ろう――この鉄の檻から抜け出してしまった。ともかく勝利をとげた資本主義は、機械の基礎の上に立って以来、この支柱をもう必要としない。禁欲をはからずも後継した啓蒙主義の薔薇色の雰囲気でさえ、今日ではまったく失せ果てたらしく、「天職義務」の思想はかつての宗教的信仰の亡霊として、われわれわれの生活の中を徘徊している。……将来この鉄の檻の中に住むものは誰なのか、そして、この巨大な発展が終わるとき、まったく新しい預言者たちが現われるのか、あるいはかつての思想や理想の力強い復活が起こるのか、それとも――そのどちらでもなくて――一種の異常な尊大さで粉飾された機械的化石と化することになるのか、まだ誰にも分からない。それはそれとして、こうした文化発展の最後に現われる「末人たち」にとっては、次の言葉が真理となるのではなかろうか。「精神のない専門人、心情のない享楽人。この無のものは、人間性のかつて達したことのない段階にまですでに登りつめた、と自惚れるだろう」と。」

（『プロテスタンティズムと資本主義の精神』三六五、三六六頁）

ヴェーバーの近代社会批判の中心は、つまるところ「近代文化が一方では個人的自律の可能性を増大させながらも、他方ではもっぱら物質的利害関心のみによって規定されるような人間類型を奨励することによって、こうした可能性を掘りくずしてしまうという事態」（『成熟と近代』二〇九頁）にあった。こうした近代社会特有の両義性に対して、宗教的権威に回帰するキルケゴールとは異なり、ヴェーバーは、近代社会のなかで近代社会に対して個々人が英雄的に立ち向かう、なけなしの可能性を模索している。『職業としての政治』のなかで、ヴェーバーは自律的な個人が近代社会において支配的な人間類型になる可能性に期待して、次のように述べている。

「もしこの世の中で不可能事を目指して粘り強くアタックしないようでは、およそ可能なことの達成も覚束ないというのは、まったく正しく、あらゆる歴史上の経験がこれを証明している。しかし、これをなし得る人は指導者でなければならない。いや指導者であるだけでなく、――はなはだ素朴な意味での――英雄でなければならない。そして指導者や英雄でない場合でも、人はどんな希望の挫折にもめげない堅い意志で、いますぐ武装する必要がある。」

（『職業としての政治』一八五、一八六頁）

しかし、私たちにとって、「英雄であれ」というヴェーバーの要求はあまりにも厳しい。現代において、個人的自律の危機を「どんな希望の挫折にもめげない堅い意志」によって打開せよと言うのは、人々を袋小路に追い込むことにしかならないだろう。だが、だからと言って、人々が自らの理性と感情を適切に駆動するように迫られているという彼の時代診断の意義は少しも損なわれない。であるならば、むしろ、ヴェーバーとは違ったやり方で、個人的自律によって否定された宗教的権威を、あらためて吟味することはできないだろうか。それは、おそらく、しばしば誤解されてきたようにシンボルを中心に宗教を考えることではない。なぜなら、シンボルによる統合は個人的自律を否定することによって成り立つのであるから、個人的自律を否定できない現代においては、そのような期待はやはり不可能であろう。これらをまとめてみるなら、ヴェーバーや政治的シンボルに期待する理論の困難は、万能である神と人間の道徳的（不）完全性を対置する議論の構図や隘路を、そのまま近代的な様式に変容させてしまったためだと考えられないだろうか。

主知主義と主意主義による論争の発端を思い返してみよう。確かに、ルターやカルヴァンは、アクィナスをはじめとする主知主義者が、神が下した法やその善悪を人間が理解できるという傲慢な態度を批判した。しかし、彼らの主張は、よりよく宗教道徳を理解できると勘違いをした知的エリートだけでなく、信仰を教会に委ねてしまう信者たちにも向けられたものであったことを忘れてはならない。司祭の傲慢と信者の不信心の両方が教会の腐敗をもたらしていた。そして、近代道徳哲学を切り開いた敬虔な理論家の多くは、腐敗した啓示宗教を理性宗教へと組み替え、信仰と宗教を厳密に選り分けることで、この危機を乗り切ろうとした。彼らにとって、擁護されるべきは宗教よりも信仰であった。だが、神、宗教的・政治的シンボル、あるいは英雄への「信仰」が、近代社会における個人的自律の可能性をもたらさないとすれば、私たちは制度としての「宗教」が果たしてきた役割を見つめ直すべきではないか。これは、初期に、教会の自己改革を要求していたルターの例を見ても、決して的外れではない。近代の政治において理性と感情を調停することの困難をいち早く読み取っていたトクヴィルは、宗教の効用について、こう指摘している。

「人間精神の自由な羽ばたきをあらゆる面で妨げることがなければ、すべて宗教は知性に健全な枠をはめるものということができる。そうした宗教はたとえ来世において人を救わないとしても、少なくとも現世における人間の幸福と栄光に大いに役立つことは認めねばならない。」

（『アメリカのデモクラシー 第二巻上』四六頁）

トクヴィルにとって宗教は、時に生への絶望や嫌悪をもたらし、物質的享楽に向かわせる理性の道具的性格に「健全な枠」をはめ、「各人を自分だけへの思いから時には引き離す」作用を持ち得るものであった。完全な存在としての神や人間の個人的自律に期待するのではなく、あくまで人間の個人的自律が不完全でしかないことを前提として、その自律を積極的に促す社会的条件を構想すること。当然、それは中世ヨーロッパのような宗教的な統合をあらためて模索することを意味しない。むしろ、教会のような宗教的権威に頼らずに自律を促す制度を構想できることは、本書が取り上げてきた論者たちよりも、現代に生きる私たちの優位であると言祝ぐことができるであろう。すでに、そうした理論的、実践的な試みははじまりつつある。感情の管理、設計、動員が跋扈し、人間の非合理性がますます明らかになる時代においてもなお、理性と感情の錬磨、自律に向けた希望を捨てない者は確かに存在している。最後に、その一人の言葉を引いて、本書を締め括ろう。

「私たちがつねに合理的に考えて行動できない、そのさまざまな形を詳述する心理学研究が山ほどあるのはけっこうだが、その明らかな実践的意義は、不合理でも問題ないということではない。合理的になるためには多大な努力が求められるし、合理的になれない部分にはその失敗をカバーするシステムと戦略を発達させる必要があるということだ。合理性は上から押しつけられた異質なルールなどではないことを忘れてはならない。それはむしろ人間の自由と自立の基礎である。」

（『啓蒙思想2.0』四〇九、四一〇頁）

あとがき

本書は、朝日カルチャセンター新宿校において、二〇一四年から約二年間「近代道徳哲学の系譜」と題して行なった一連の講義を再構成したものである。この講義は、トマス・アクィナス（1225?-1274）からイマニエル・カント（1724-1804）に至るまでの五百年ほどの間に起きた秩序観の遷移を「意図せざる帰結」という観点から読み解くことを目的としていた。すなわち、中世ヨーロッパの政治的・宗教的な秩序観――ローマ信徒への手紙にある「神によらない権威はなく、現にある権威は神によって立てられたもの」という秩序観――を護持する目的で、神と人間の関係論を煮詰めていくなかで、意図せずして神だけが蒸発してしまい人間による人間の世界が残される。そして、その神なき人間の世界が次第に力強く肯定されていく。そうした中世から近代に至る秩序観の遷移を読み解こうとしたものだった。

ところで、中世から近代へと至る秩序観の遷移が論じられる時には、多くの場合、カント哲学やそれ以降のドイツ観念論と、近代合理性との関係が念頭に置かれているように思う。つまり人間の理性（への期待）が、秩序観の遷移において中心的な役割を果たすものとして取り上げられる。

しかしながら、後期近代に生きる私たちからすれば、人間とは神のことだとばかりに人間の理性を熱狂的に信頼する言説をもはや鵜呑みにするわけにもいかない。テオドール・アドルノやマックス・ホルクハイマーらが主導したフランクフルト学派（批判的社会理論）や、ジャック・デリダやミシェル・フーコーといった哲学者たちによる近代性の批判的吟味などは、理性中心主義的な人間学を問題視しており、さらに近年の心理学的研究の成果は「理性は感情の奴隷である」という往年の主張を強化するものともなっている。それ故、「近代道徳哲学の系譜」と題した講義では、中世神学からドイツ観念論への道程だけでなく、むしろイギリス経験論への道程も積極的に取り上げながら、人間の感情的動物としての側面――経験的な仁愛論の系譜――にもっとスポットライトを当てようと考えた。

こうした構想は、結果的にキリスト教神学のなかで展開された主知主義と主意主義の論争を「動機づけ」をめぐる論争として捉え直すことに繋がり、本書で論じられる基本軸となった。改めて本書の基本軸を示すなら以下の様になろう。

まず第Ⅰ部では、人間の不完全性、すなわち神の完全性が主題となっている。中世の神を中心とする秩序観は、神と人との関係が秩序にとって如何に重要な前提であるかを示そうとしたものだった。その過程で、神の法を人間は知り得るとする主知主義派（カトリック）と、神の被造物であるに過ぎない人間には知り得ないとする主意主義派（プロテスタント）との対立がキリスト教神学のなかで鮮明になっていった。

こうした両派の対立のなかで、互いの問題点を批判し合う内に逆説的にも中世的な秩序観が徐々に自壊していく。たとえば、主知主義派であったスアレスのように、全能の神を信じつつも法を中心に秩序を捉えることによって、神なき人間の世界への、その決定的な一歩を踏み出す者も現れてくる。他方では、主意主義派であったプーフェンドルフやロックのように、理性において不完全な人間に対して、法や道徳は人間の感情に訴えかけて秩序の構築へと向かわせる役割があることを主張し、主知主義派とは違ったやり方で神を擁護しようとする者たちも現れる。しかし、彼らは道徳的動機の経験的な役割に期待するために、かえって人間の道徳世界に神が不要である可能性を示唆してしまう。

要するに、主知主義者は、人間は不完全だと言いながら同時に人間は神の法を知り得ると主張したために欺瞞として批判され、主意主義者は、神のことは分からないと言いながら道徳に神が必要だと立証しようとする矛盾に行き詰まってしまうのである。ここまでが第Ⅰ部の範疇である。

第Ⅱ部では、神の完全性をそれぞれ違ったやり方で示そうとした主知主義派と主意主義派の対立が、意図せざる帰結として、人間の完全性への関心をもたらしたことが主題となっている。デカルト以降の哲学者たちは、論点はみな異なるが人間が道徳的能力において完全であることを示そうとした。たとえば、スピノザやライプニッツは、これまでの主知主義派とは異なり、万能なる神の支配と人間の完全性は両立可能だと主張した。とはいえ、彼らもまた主知主義派の理解を欺瞞として退ける主意主義派の批判には応えられないままであった。このように人間の完全性を認めた主知主義派に対して、ヒュームは主意主義派の理解を発展させ、人間には道徳的動機となる感情が備わっていると見ることで、人間の完全性を擁護しようとした。またホッブズは早くから、自己保存への欲求とそれに裏付けられた死への恐怖に注目し、感情が適切に道徳と秩序を見出すことを指摘していた。ヒュームやホッブズらのように感情が道徳に十分であるとする主張は、次第に秩序が人間の問題であることを明らかにしていったのである。

このように本書では、第Ⅰ部と第Ⅱ部を通して近代へと至る秩序観の遷移をたどりながら、とりわけ宗教改革から市民革命までの間に、人間の感情に秩序を構築する道徳的動機を見出す思潮が、秩序構想を神から切り離し人間の問題として浮かび上がらせたことを論じている。現代に生きる私たちにとって、このような秩序観の遷移や、就中、人間の完全性にとって感情が重要な役割を果たすと見る思潮が重要なのは、「理性か、さもなくば感情か」という二者択一の思考がいかに不毛であるかを十全に示していることだ。

冒頭でも述べたように、いまや理性は数々の手厳しい批判にさらされており、他方では感情への期待が高まっている。私自身、批判的社会理論を自分の研究上の足場にしていることもあり、理性を手放しで信頼できるとは思っていない。しかし、感情を梃《てこ》に人々を動機づける必要性が論じられるのを見るにつけ、「理性か、さもなくば感情か」という悪しき二元論に陥っているように思えてならない。ヒュームやルソー、アダム・スミス、トクヴィルなどの、人間の感情に秩序を構築する道徳的動機を見出した多くの議論は確かに感情を重視するが、しかし、それは感情さえあれば良いという単純な議論ではない。それらはむしろ、不完全な理性をどのように補完するかという関心に貫かれている。

感情を理性の補完物として考えるにあたって、とりわけホッブズの議論は再考する価値がある。というのも、ホッブズは早くから感情と人間の世界の重要性を指摘し、私たちが「熟慮」と呼ぶものさえ、諸感情の原子的かつ複雑な衝突の現れだと考えていたからである。感情を梃に人々を動機づけることに対して、もっと「冷静に」、もっと「理性的に」と警鐘を鳴らすのは、依然として重要なことだ。しかしだからこそ、ホッブズが指摘するように理性がそうした複雑性の処理を担っているのであれば、その負荷について考慮することは、ますます重要になってくる。なぜなら、私たちの社会は、近代道徳哲学者たちが取り組んだ以上に、取り組むべき課題に溢れ、その複雑性を増しているからである。これは理性（への意志）に対する負担が、本論が扱った時代以上に重くなっているということを意味している。そうだとすれば、私たちに「熟慮」の余地をもたらす、何か別の、理性への意志の慢性的な不足を緩和する仕組みこそ求められるべきなのではなかろうか。

本書では、この点についてては終章で示唆するにとどまったが、具体策については別稿に譲るとして、その一端は今夏に上梓する新書のなかで明らかにできればと思っている。

＊＊＊

最後に本書を執筆する上で、企画の段階から（当初の企画からすればさらに長く）辛抱強く待って頂いた教育評論社の小山香里さんに、誰よりも先に感謝の意を表したい。そして、この企画がさらに後ろ倒しにならないように、微に入り細に入りアドバイスをして下さった濱沖敢太郎氏と、フリーの編集者である河村信氏のお二人に、厚く御礼申し上げる。それから朝日カルチャセンター新宿校の講座を受講し、いつも的確な質問をして下さる皆さんに、心から御礼申し上げる。

二〇一六年　三月

ブリューゲルの皮肉を受け止めながら　　堀内　進之介

＊＊＊引用・参考文献＊＊＊

Cumberland, Richard 1727 A Treatise of the Laws of Nature. (trans.) Maxwell, John. (ed.)Parkin, Jon. Liberty Fund.

Grotius, Hugo 1950 Commentary on the Law of Prize and Booty. (trans.) Gwladys L. Williams and Walter H. Zeydel. Oxford.

Grotius, Hugo 1925 On the Law of War and Peace. (trans.) Francis W. Kelsey. Oxford.（全訳として、グロティウス、フーゴー『戦争と平和の法』〈一又正雄訳、巖松堂出版、一九五〇年〉がある）

Leibniz, Gottfried Wilhelm 1948 Textes inedits. (ed.) Gaston Grua. 2vols. Paris.

Nicole, Pierre 1845 Œuvres philosophiques et morals. (ed.)C.Jourdain. Paris.

Pufendorf, Samuel 1934 Of the Law of Nature and Nations (trans.) C. H. Oldfather and W. A. Oldfather. Oxford.

Sarez, Francisco 1944 On Law and God the Lawgiver (In Selections from three Works. (trans.) Gwladys Williams, Ammi Brown, and John Waldron. Oxford.（抄訳として、スアレス、フランシスコ「法律についての、そして立法者たる神についての論究」『中世思想原典集成20』〈上智大学中世思想研究所編訳・田口啓子監修・山辺健訳、平凡社、二〇〇〇年〉がある。）

アレント，ハンナ『人間の条件』（志水速雄訳）ちくま学芸文庫、一九九四年。

ヴェーバー，マックス『職業としての政治』（脇圭平訳）岩波文庫、一九八〇年。

ヴェーバー，マックス『プロテスタンティズムの倫理と資本主義の精神』（大塚久雄訳）岩波文庫、一九八九年。

ヴェーバー，マックス『社会科学と社会政策にかかわる認識の「客観性」』（富永祐治・折原浩・立野保男訳）岩波文庫、一九九八年。

エーレンベルク，ジョン『市民社会論―歴史的・批判的考察』（吉田傑俊訳）青木書店、二〇〇一年。

オーウェン，デイヴィッド『成熟と近代―ニーチェ・ウェーバー・フーコーの系譜学』（宮原浩二郎・名部圭一訳）新曜社、二〇〇二年。

サンスティーン，キャス『熟議が壊れるとき―民主政と憲法解釈の統治理論』（那須耕介訳）勁草書房、二〇一二年。

シャピロ，イアン『民主主義理論の現在』（中道寿一訳）慶應義塾大学出版会、二〇一〇年
シュナイウィンド，J・B『自律の創成―近代道徳哲学史』（田中秀夫監訳）法政大学出版局、二〇一一年。

シュムペーター，J・A『資本主義・社会主義・民主主義』（中山伊知郎・東畑精一訳）東洋経済新報社、一九九五年。

スピノザ，ベネディクト『神学・政治論（下）』（吉田量彦訳）光文社、二〇一四年。

スピノザ，ベネディクト『エティカ』（工藤喜作・斎藤博訳）中央公論新社、二〇〇七年。

スミス，アダム『道徳感情論（上・下）』（水田洋訳）岩波文庫、二〇〇三年。

セネット，リチャード『公共性の喪失』（北山克彦・高階悟訳）晶文社、一九九一年。

デカルト，ルネ『増補版　デカルト著作集３』（竹田篤司訳）白水社、二〇〇一年。

トクヴィル，アレクシス・ド『アメリカのデモクラシー 第一巻（上）』（松本礼二訳）岩波書店、二〇〇五年。

トクヴィル，アレクシス・ド『アメリカのデモクラシー 第二巻（上）』（松本礼二訳）岩波書店、二〇〇八年。

パスカル，ブレーズ『パンセⅡ』（前田陽一・由木康訳）中央公論新社、二〇〇一年。

ヒース，ジョセフ『啓蒙思想２．０―政治・経済・生活を正気に戻すために』（栗原百代訳）ＮＴＴ出版、二〇一四年。

ヒューム，デイヴィッド『人間本性論 第２巻―情念について』（石川徹・中釜浩一・伊勢俊彦訳）法政大学出版局、二〇一一年。

ホッブズ，トマス『リヴァイアサン１』（角田安正訳）光文社、二〇一四年。

ホッブズ，トマス『物体論』（本田裕志訳）京都大学学術出版会、二〇一五年。

マンデヴィル，バーナード『蜂の寓話―私悪すなわち公益』（泉谷治訳）法政大学出版局、一九八五年。

マルブランシュ，ニコラ『形而上学と宗教についての対話』（井上龍介訳）晃洋書房、二〇〇五年。

ミル，ジョン・ステュアート『ミル自伝』（朱牟田夏雄訳）岩波文庫、一九六〇年。

モンテーニュ，ミシェル・ド『エセー５』（宮下志朗訳）白水社、二〇一三年。

吉田徹『感情の政治学』講談社、二〇一四年。

レーヴィット，カール『キェルケゴールとニーチェ』（中川秀恭訳）未来社、二〇〇二年。

ルソー，ジャン・ジャック『エミール（中）』（今野一雄訳）岩波文庫、一九六三年。

ルソー，ジャン・ジャック『社会契約論／ジュネーヴ草稿』（中山元訳）光文社、二〇〇八年。

ルター，マルティン『ルター著作集 第二集 第11巻（ガラテヤ大講解・上）』（徳善義和訳）聖文舎、一九八五年。

ロック，ジョン『キリスト教の合理性―奇跡論』（服部知文訳）国文社、一九八〇年。

〈著者略歴〉
堀内進之介（ほりうち　しんのすけ）

1977年生まれ。青山学院大学大学院非常勤講師、現代位相研究所・首席研究員ほか。専門は政治社会学・批判的社会理論。

共著に、『人生を危険にさらせ！』（幻冬舎）、『悪という希望―「生そのもの」のための政治社会学』（教育評論社）、『統治・自律・民主主義―パターナリズムの政治社会学』（NTT出版）、『政治の発見⑥―伝える：コミュニケーションと伝統の政治学』（風行社）、『本当にわかる社会学』（日本実業出版社）、『システムの社会理論』（勁草書房）、『ブリッジブック社会学』（信山社）、『幸福論―〈共生〉の不可能と不可避について』（NHKブックス）、などがある。

単著として、感情の動員をテーマに集英社新書より近刊予定。

知と情意の政治学

二〇一六年三月三〇日　初版第一刷発行

著　者　堀内進之介
発行者　阿部黄瀬
発行所　株式会社　教育評論社
〒一〇三－〇〇〇一
東京都中央区日本橋小伝馬町12－5　YSビル
TEL　〇三－三六六四－五八五一
FAX　〇三－三六六四－五八一六
http://www.kyohyo.co.jp

印刷製本　萩原印刷株式会社

定価はカバーに表示してあります。

落丁本・乱丁本はお取り替え致します。

Printed in Japan
ISBN 978-4-905706-99-1